Águas de Partida

Rachel Bassan

Águas de Partida

São Paulo
2024

Copyright © Rachel Bassan, 2024 – São Paulo

Todos os direitos reservados. Proibida a reprodução, armazenamento ou transmissão de partes deste livro, através de quaisquer meios, sem prévia autorização por escrito.

Produção editorial: *Villa d'Artes*
Capa: *Villa d'Artes*
Revisão ortográfica e gramatical: *Marilena Moraes*

Dados Internacionais de Catalogação na Publicação (CIP)
(Câmara Brasileira do Livro, SP, Brasil)

Bassan, Rachel
  Águas de partida / Rachel Bassan. -- São Paulo : Editora dos Editores, 2024.

  Bibliografia.
  ISBN 978-65-6103-017-5

  1. Romance histórico brasileiro I. Título.

24-207184 2   CDD-B869.3081

Índices para catálogo sistemático:

1. Romance histórico : Literatura brasileira
       B869.3081

Eliane de Freitas Leite - Bibliotecária - CRB 8/8415

Direitos Exclusivos desta edição reservados à Editora do Editores Ltda.

EDITORA DOS EDITORES
Rua Marquês de Itu, 408 — sala 104 — São Paulo/SP
CEP 01223-000
Rua Visconde de Pirajá, 547 — sala 1.121 — Rio de Janeiro/RJ
CEP 22410-900

+55 11 2538-3117
contato@editoradoseditores.com.br
www.editoradoseditores.com.br

(11) 98308-0227

*"A vida só pode ser compreendida
olhando-se para trás,
mas só pode ser vivida
olhando-se para frente."*

Søren A. Kierkegaard
Filósofo dinamarquês
1813 - 1855

"Fique atento à vida.
Faça, ouse e busque, mas acima de tudo,
não ouça ninguém
sem ter antes escutado o seu coração."

Rabino Nilton Bonder

Para Roberto,
desde sempre e para sempre,
meu amor e parceiro
na realização de tantos sonhos.

Para Julia, Rafael, Felipe e Maria Eduarda,
meus netos amados, que me impelem
na busca da minha melhor versão.

Para Flavio, Fernando e Patricia,
meus filhos mais que queridos,
que tornaram realidade o meu sonho maior.

Para minhas noras Rebeca e Débora,
que me deram o que tenho de mais caro na vida.

Apresentação

Alguns chamam destino, outros fatalidade, sorte, fado. Muitos acreditam que se trata apenas de coincidência; vários acham que há uma força maior, que tudo orquestra e conduz.

Não importa a sua teoria. Que fio é esse que liga uma jovem mãe hippie, uma jornalista investigativa, judeus sobreviventes do Holocausto e histórias dos que não conseguiram escapar dos horrores da Segunda Guerra?

Que eventos misturam a gente rica do Upper East Side de Manhattan e os operários do Bronx, famílias unidas, mas despedaçadas, a guerra que divide, mas também aproxima?

Num cruzeiro rumo ao passado, lembranças e saudades se mesclam e se combinam, num amálgama perfeito, num projeto sem retoques.

E embarcamos todos nessa viagem, para definirmos o que é destino, o que está escrito, se há caminho do qual é impossível desviar.

Marilena Moraes

Escritora

The Nashville Post

SÁBADO, 9 SETEMBRO 1972 — *Alimente a paixão pela sua cidade natal e acompanhe suas histórias* — No. 54.948

FBI INVADE COMUNIDADE HIPPIE: PLANTAÇÃO DE MACONHA, PROMISCUIDADE E MORTE

Flowertown, Tennessee – No cair da noite de ontem, em operação conjunta autorizada pelo Juiz J. Wright, agentes do FBI e da Polícia Estadual invadiram a Fazenda do Sol Nascente, com o apoio de 9 carros de polícia, cachorros treinados e uma tropa de mais de 30 homens. Equipes de duas estações de televisão de Nashville transmitiram a revista de tendas, celeiros e trailers, confirmando as denúncias de plantações de maconha na comunidade hippie, em meio a melões e melancias.

Crianças e jovens, sem roupas, e bebês, sem fraldas, circulavam pelo terreno, alheios à movimentação. Nas tendas, promiscuidade e imundície, escassez de alimentos e grande quantidade de entorpecentes confiscada pelos agentes.

Os pioneiros da Sol Nascente abandonaram suas vidas em Haight-Ashbury, bairro de São Francisco, em 1970, com o sonho de viver em comunidade, plantar e colher o próprio alimento, pregando a não violência, o acesso às drogas e o amor livre. Mas a utopia se desfaz ante a realidade. Hoje vivem ali, à margem da lei, cerca de 300 pessoas.

O agente Fields, do FBI, encontrou em uma das tendas uma adolescente drogada que, com forte hemorragia, acabara de dar à luz um bebê, que não foi encontrado no local.

Apesar do pronto atendimento pelos bombeiros, a jovem faleceu logo que chegou ao hospital. A polícia e o Serviço Social estão empenhados em localizar a família de Flor, como a jovem era chamada.

Não foram achados documentos com a vítima ou indícios de sua identidade. Segundo um dos moradores, eles deixam para trás a antiga vida ao entrar para a comunidade.

O FBI solicita que qualquer informação seja comunicada pelo telefone (615) 696-0000.

1

Rio de Janeiro | Sábado, 31 de julho de 2010

Maya acordou de ressaca. A noite passada com os colegas da redação fora ótima. Espetacular a festa no Copacabana Palace para celebrar os cinquenta anos da *Revista em Foco*, com direito a fogos de artifício e tudo mais. Paul não chegara a tempo, mesmo sabendo que tinha um convite reservado para ele. Havia uma semana viajara para Porto Alegre.

Hesitou até decidir se queria sair da cama, iniciar o dia. Estava exausta. Apesar da semana corrida, com pauta difícil, tinha cumprido o prazo da matéria.

Estava definitivamente atraída pelo tema que se tinha tornado uma constante: a criança, o tráfico humano, as adoções ilegais. Desta vez, foi o caso dos 51 brasileirinhos, presos e separados dos pais, após cruzarem a fronteira entre o México e os Estados Unidos. Pela última informação, um menino de nove anos reencontrara a mãe recém--libertada. Restavam cinquenta, até então em abrigos, aterrorizados e malcuidados.

Felizmente estaria de folga todo o fim de semana. Precisava de descanso e de um café forte com urgência. Levantou-se, ajeitou o cabelo com as mãos e foi para a sala, ainda de pijama. Paul estava no sofá, com o laptop no colo.

— Bom dia, querido, chegou tarde, hein? Fez um bom voo? — perguntou, servindo-se de café.

Paul fez que sim com a cabeça.

— E aí, como foi a reunião com André? — Maya continuou, enquanto colocava a louça na máquina para lavar. — O pessoal veio para cá depois, bebemos um bocado. Aliás, rolou um samba daqueles que você gosta. Todos te mandaram beijos.

Não ouvindo resposta, foi até o sofá e abraçou o marido pelas costas.

— Acho que você também carece de um café bem forte, que preguiça para falar! — zombando, ela baixou os olhos à tela do laptop.

— Interessado em anúncios de imóveis? Vamos nos mudar? — falou, espirituosa.

— Precisamos conversar, Maya. — a resposta veio curta e direta.

— Você está bem? O que aconteceu? — Ela deu a volta e sentou-se ao lado de Paul.

O marido demorou um pouco a falar.

— Maya, muita coisa aconteceu este ano. Eu venho pensando em como compartilhar isso com você, mas...

— Mas vamos lá, o que é que aconteceu que você não consegue falar comigo? Desde quando temos segredos?

Paul completou.

— NÓS não vamos nos mudar, Maya, mas EU vou sair de casa. — disparou enfaticamente.

— O que você está dizendo? Que história é essa? — Maya balançou a cabeça em descrédito.

— Eu vou me separar de você.

Soltando a afirmação surpreendente, Paul fechou a tampa do laptop como se estivesse virando a página de um capítulo de sua vida.

— Eu não estou entendendo. O que eu estou perdendo aqui? Você se apaixonou por uma outra mulher? É isso, Paul? — Maya ficou de pé e encarou o marido.

— Eu vou viver com o André.

Maya pegou sua xícara, foi para o quarto e fechou a porta.

Paul saiu de casa no mesmo dia. Levou duas malas de roupas, documentos pessoais, alguns livros. O resto mandaria buscar depois. Devolveu o molho de chaves, deu um beijo convencional na face impassível de Maya.

— Cuide-se. Você será sempre a única mulher da minha vida. Conte comigo para o que precisar.

Entrou no elevador e partiu. Ela não emitiu um som. Trancou a porta e dirigiu-se para a sala. Ao passar pela estatueta que Paul trouxera da Grécia cheio de cuidados, deixou a mão esquerda esbarrar displicentemente na peça de porcelana, enquanto a direita conectava o Spotify. A deusa grega despencou em queda livre ao som do *Allegro Finale* do Enigma de Elgar.

2

Maya passou o resto do dia deitada no sofá pensando na vida. Incrédula, tentava lidar com o que acontecera naquela manhã. Como não percebera nenhum sinal naqueles quase oito anos em que viveram juntos?

O fim de tarde chegava esfriando. Vestiu um casaco, apertou-o contra o corpo e foi para a janela. O sol baixava, sem a menor pressa, por trás do Morro Dois Irmãos, no final da praia do Leblon. Aquele era um espetáculo que ela sempre gostava de apreciar. Depois conferiu o desenho sinuoso preto e branco das pedras portuguesas no calçadão da praia onde ela e Paul caminhavam, ora conversando, ora apressando o passo para queimar calorias até a Pedra do Arpoador. Lá, uma água de coco, às vezes um mergulho. Reconheceu que a vida a dois tinha sido boa. Até o embarque naquele bendito navio. Na verdade, agora via com clareza que, desde a volta, tinham vivido uma sequência de desencontros. Deixando a janela, deu com a porcelana em pedaços no chão. Juntou os cacos daquela lembrança agora indesejada e jogou tudo na lixeira.

"Como eu pude ter sido tão cega?" — se perguntava, já começando a reagir. Levantou-se decidida a escolher uma garrafa especial de tinto. Pegou a melhor taça, um belo pote de morangos frescos e escolheu uma sequência de músicas clássicas para ouvir durante o banho quente.

Já na imersão acolhedora sentiu-se pronta para exorcizar os maus espíritos.

3

Maya conhecera Paul na casa de amigos. Professor de literatura, 25 anos mais velho do que ela. Encantou-se pelo americano sedutor, surpreendente, culto, diferente dos amigos da sua idade. Logo se percebeu apaixonada pelo gringo doido por samba e pagode. Dois anos depois convidou-o para morar com ela.

Nem o fato de ele não querer filhos fora obstáculo. Ela abriu mão do desejo de ser mãe. Juntos descobriram uma felicidade vivendo um para o outro, e cada um para a sua ocupação. Parecia um casamento perfeito.

André era um amigo recente do casal. Conheceram-se no cruzeiro marítimo à Amazônia, seis meses antes da separação. O aniversário de sessenta anos de Paul fora o pretexto para concretizarem o sonho do marido. Só dele. Embora não muito chegada a cruzeiros, Maya não o contrariou.

Encontraram André logo no primeiro jantar a bordo. Ele viajava sozinho. Muito embora tivessem solicitado uma mesa para dois, um engano operacional os colocou em uma mesa compartilhada. André tinha 56 anos e era professor de História em uma universidade no Rio Grande do Sul. A sintonia foi tão grande entre eles três que só se separaram no desembarque, vinte dias depois. O tempo passou repleto de descobertas, diversão e muitas risadas. As noites eram animadas, com boa música, boa comida, bom vinho e, sobretudo, boa conversa. Maya até se esqueceu de que estava no mar.

Na volta, Paul e André deram início a um projeto de cooperação entre os departamentos das duas universidades. E Paul não parou mais de ir para Porto Alegre. "Vale cada empenho, meu bem, o trabalho será publicado em renomada revista estrangeira." — dizia, animado.

As poucas horas de Paul em casa eram devotadas ao projeto.

Maya dedicava-se cada vez mais às pesquisas para sua coluna na *Revista em Foco*, às participações em programas jornalísticos de TV e ao seu blog. A determinação rendeu-lhe um justo reconhecimento: um dos prêmios mais importantes no jornalismo com a matéria "Crianças abandonadas, vítimas invisíveis", distribuída e divulgada em veículos de imprensa de diversos países.

Paul não a viu receber a homenagem na cerimônia de premiação; estava em Porto Alegre. Maya saiu com os colegas e amigos para comemorar.

4

Nova York | Noite de domingo, 1º de agosto de 2010

No imponente prédio da *The Julius Klein Foundation* na Park Avenue, acontecia a desmontagem da concorrida exposição *Find the Lost Children* — Encontre as Crianças Perdidas — parte das comemorações dos quarenta anos da instituição.

Do alto do mezanino, Alice acompanhava a retirada do material. Funcionária da fundação desde 1982, ela se tornou a CEO após a morte de Julius Klein, havia 15 anos.

Julius Klein foi libertado de Auschwitz em 1945 e buscou pelo filho toda sua vida. Jamais o encontrou ou teve notícias de seu paradeiro. Transformou a dor em ação e, em 1970, criou a fundação com o compromisso de ajudar a reencontrar crianças perdidas na guerra e reuni-las com suas famílias, dando-lhes, quando necessária, assistência financeira. A instituição cresceu, passou a ter representação em vários países e tornou-se mundialmente reconhecida.

Passada a exposição, era tempo de cuidar dos últimos detalhes para a etapa mais complexa das comemorações. Antiga ideia de Alice, o cruzeiro do projeto "Bússola — de volta para casa" estava prestes a se realizar. O Bússola celebraria os muitos anos de esforço coletivo para devolver crianças desaparecidas às suas famílias. Ali estaria um grupo de pessoas, outrora crianças abandonadas ou refugiadas da 2ª Guerra, e seus descendentes, vinculados à instituição, muitos deles doadores de peso. O objetivo era trocar experiências e aprendizados, manter a chama acesa na busca de crianças ainda possivelmente afastadas de suas famílias.

Com roteiro escolhido criteriosamente, navegariam de Nova York até Hamburgo, com paradas em portos europeus que contemplavam histórias que marcaram suas existências.

Alice tinha muitos motivos para se empenhar neste empreendimento, não só cumprir uma atividade da fundação: o projeto era vital para ela pessoalmente. Preocupada, olhava as fotos da exposição sendo encaixotadas. Foi quando a assistente a interrompeu, confirmando a reunião do Conselho de Curadores e detalhando a agenda do dia seguinte. Alice mal prestava atenção.

— Alice, você está me escutando?

— Já veio a resposta da jornalista brasileira? — Alice retrucou com outro tema.

— Não, infelizmente até agora a Maya Machado não respondeu.

— Para mim seria importantíssima a presença dela nessa viagem — a dirigente mostrou o que a preocupava.

Alice se impressionara com o artigo publicado havia poucos meses num jornal de Nova York. Imediatamente determinou que fosse expedido um convite especial para a autora integrar o projeto.

A assistente se comprometeu a insistir no convite se Alice prometesse ir para casa descansar. Tinha sido uma semana intensa.

Alice ouviu a sugestão. Sem desviar os olhos do trabalho de desmonte, pegou a bolsa e saiu.

No caminho para casa, ela alimentava a esperança de receber boas notícias do Brasil no dia seguinte.

5

Rio de Janeiro | Domingo, 1º de agosto de 2010

Já passava do meio-dia quando o telefone tocou. Maya esticou o braço e apalpou a mesa de cabeceira. Alcançou o celular. Abriu os olhos protegendo-os da claridade que entrava com toda a força pela janela.

— Alô! — a voz estava ainda sonolenta.

Era a mãe chamando. Sempre se falavam aos domingos, àquela mesma hora. Fazia 14 anos que os pais haviam se mudado para os Estados Unidos. Tentaram em vão convencê-la a acompanhá-los. Poderia fazer pós-graduação, trabalhar, o que quisesse. Como filha de americano e nascida no país, desfrutava de plenos direitos. Além do que, a vida nos Estados Unidos era mais tranquila e, sem dúvida mais segura do que no Brasil. No entanto, Maya, recém-formada em Comunicação, estava feliz com o primeiro emprego, contratada pelo jornal de maior circulação na cidade, o que lhe dava condições de morar sozinha no apartamento da família.

— Bom-dia, meu amor. Acordei você, não foi? Quer me ligar mais tarde?

— Não precisa, mãe, já basta de cama. Dormi muito bem, embora o dia de ontem tenha sido bastante pesado. Você nem pode imaginar o que aconteceu.

E Maya relatou tudo o que se passou.

— Foi uma puxada de tapete, nunca esperava. Viveu comigo esse tempo todo... enfim, que seja feliz, não é?

Maya olhava cabides vazios no armário enquanto falava com a mãe. No fundo, não tinha processado o tranco com a leveza que gostaria. E amargava uma boa ponta de ressentimento.

Ao ouvir o desabafo da filha, a mãe sorriu internamente. Confessou a si própria ter sido um grande favor que o genro prestara à Maya.

— Claro, que ele seja mesmo muito feliz. — "Longe de você", pensou sem refutar o sentimento.

Reforçou que a filha tinha a chance de conhecer outra pessoa, de sua idade. Poderia ter uma vida plena, construir uma família. Imaginando-se avó, o coração até acelerava.

Lembrou Maya do convite para palestrar sobre sua matéria premiada. Seria uma plateia interessada, uma viagem de navio, oportunidade única.

— Você quer que eu pense em embarcar num cruzeiro logo agora, mãe?

— Minha filha, se um no passado deu num aparente naufrágio na sua vida, não quer dizer que no próximo vai acontecer outra vez.

Maya começou a se animar. A proposta parecia bem interessante, principalmente naquele momento. Ela jamais tivera a oportunidade de falar para um público que vivenciou essa situação, caso dos que estariam lá. E ela aproveitaria para uma mudança radical de ares em um magnífico roteiro de 25 dias na Europa, inclusive conhecendo lugares novos.

— Talvez você tenha razão, mãe. Eu vou cuidar desse assunto.

Maya fazia um café quando o nome do projeto lhe veio à cabeça. Era bem sugestivo. Bússola. Talvez fosse uma grande oportunidade para aprofundar o tema que continuava a lhe interessar. Teria a chance de conversar com antigas crianças abandonadas e expandir seu trabalho de pesquisa. Colocou o tênis e foi dar uma corrida.

Já era noite quando Maya abriu o laptop e checou as mensagens. Havia um novo e-mail, recém enviado pela Fundação Julius Klein, reforçando o convite. "Seria um sinal?" — Maya disse em voz baixa, apesar de não acreditar em coincidências. Abriu o site da fundação para se atualizar. O trabalho deles era reconhecido mundialmente. Encontrou logo uma conexão com o seu. E não titubeou.

Respondeu de imediato. E também de imediato recebeu um retorno: o bilhete aéreo seria enviado no dia seguinte. Teria oito dias para se organizar e partir.

6

Nova York | Terça-feira, 10 de agosto de 2010

Maya Machado desceu do carro, ergueu a cabeça na direção do transatlântico que, altivo, no porto de Nova York, se exibia. Respirou fundo, aprumou o corpo, deixando os olhos percorrerem lentamente a extensão do navio que a convidava a percorrer seus salões, deques e interiores, a absorver cada um de seus detalhes.

O carregador se incumbiu da bagagem, conferiu o nome na lista e indicou o caminho para os procedimentos de embarque. Foi bem atendida, e logo tinha em mãos o cartão de identificação e o número da cabine.

Em minutos chegou ao átrio principal. Sentiu um inexplicável bem-estar, mesmo com a perspectiva de viver muitos dias na suntuosa casa de lata, entre desconhecidos.

A música ambiente embalava o movimento de entrada dos passageiros que aos poucos ocupavam os recintos da embarcação preparados para recebê-los. Apesar dos rostos ainda desconhecidos, de origens e idiomas diversos, aparentavam uma cumplicidade pela expectativa em relação à viagem. Maya estava fascinada. Seriam essas as

pessoas desgarradas de suas famílias na infância as crianças abandonadas na guerra e resgatadas com a ajuda da fundação? Que histórias
e segredos teriam para compartilhar? Seria interessante ouvi-las.

O elevador panorâmico subia devagar. Maya admirava a beleza
e a grandeza do transatlântico. Agradeceu intimamente à insistência
da mãe para que aceitasse o convite. Pressentia agora uma viagem
inesquecível. "Sem naufrágios." — Achou graça da metáfora da mãe
na tentativa de animá-la.

À porta da cabine, um mordomo indiano vestido de fraque longo,
com postura de inglês, deu-lhe as boas-vindas. As malas já estavam ali.
Ao entrar, Maya imediatamente percebeu que aquela suíte luxuosa não
podia ser uma cabine para jornalistas. Devia ter havido um engano.

— Obrigada, Antony — conferiu o nome no crachá dourado. —
Você pode verificar, por gentileza, o número correto da minha cabine?

— Não há equívoco algum. A senhora é convidada da dona Alice. Esta é a sua cabine. Terei muito gosto em servi-la.

Maya agradeceu. E, pela primeira vez, percebeu uma certa expectativa em relação à sua presença e ao que poderia realizar ali.

Tudo parecia tão surreal. Convidada de Alice Sadovik, a CEO
da fundação? Nunca imaginara que seu artigo pudesse causar tanto
impacto.

Passava do meio-dia. De repente, sentiu fome.

Do restaurante à beira da piscina, a vista era linda, com o con-
torno dos prédios de Nova York de um lado e de Nova Jersey de outro. Permitiu-se pedir um hambúrguer daqueles americanos bem
caprichados e um belo suco de laranja. "Uma bomba atômica para
celebrar o embarque. Hoje vale tudo!"

Maya dava a primeira mordida, com gosto, no farto sanduíche,
segurando-o firme com as duas mãos, justo quando um rapaz parou

ao seu lado e perguntou se poderia compartilhar a mesa. Fez menção de "Claro que sim, por favor", sem emitir um som. Ele puxou a cadeira e logo pegou um guardanapo e o entregou à Maya, que, sem graça, tentava limpar o queixo sujo de mostarda com o dorso da mão.

— *Ciao*, sou Gianni — ele se divertia com o embaraço dela. — E você é?

— Maya. E obrigada pela ajuda, Gianni — ela riu, apontando para o rosto.

O almoço rápido pretendido por Maya se estendeu por toda a tarde. Ela não parou de fitar os olhos verdes e irrequietos de Gianni. E seus braços, musculosos e bronzeados. Inevitável comparar com o corpo flácido e pálido de Paul.

O assunto com Gianni fluía. Era bem-humorado, espontâneo. Quando ele contou que também era jornalista, responsável pelo documentário do projeto Bússola, deduziram que seriam companheiros de trabalho.

Só pararam de conversar quando o apito do navio anunciou a saída. Eram 17h em ponto.

7

O transatlântico começou a deixar o cais do píer 88 no rio Hudson. Gianni e Maya, apreciando o ritual de despedida do porto, observavam a reação das pessoas. O apito de partida provocava emoção e despertava memórias naqueles que, agora, estavam prontos a resgatá-las no contexto da viagem. Pareciam entrar em uma outra dimensão. A euforia de alguns viajantes lembrava a sua chegada àquela terra, fazia décadas, como refugiados. A música tomou conta do convés, e muitos começaram a dançar. Aos poucos, iam surgindo imagens emblemáticas. De longe, Maya os contemplava. Apontavam para a Ellis Island, o primeiro solo pisado por tantos deles, a primeira barreira, principal entrada dos imigrantes. Foi impossível Maya não se emocionar ao ver um casal, de idade bastante avançada, se abraçar com ternura. "Quantas histórias não teriam para contar?"

A Estátua da Liberdade surgiu em seguida. A imponente senhora, a tocha em uma das mãos, uma tábua na outra, preservava sua majestade. Ela também mudara de cor ao longo de décadas, e o cobre castanho-avermelhado original, brilhante como uma moeda novinha de um *cent* ganhara uma pátina verde-azulada. Fazia muito tempo que Maya estivera lá na ilha com os pais. Era criança.

Fizeram questão de levá-la para que conhecesse o símbolo maior da liberdade.

Maya se recordava de ter subido muitos degraus, que agora sabia corresponderem a 22 andares. Ainda sentia a exaustão e a felicidade de ter chegado lá no alto, sem ajuda. Foi a única da sua turma da escola americana que soube dizer o texto inscrito na tábua.

Muitos colegas afirmavam que a estátua carregava um livro, mas, pela insistência do pai em mostrar-lhe a terra natal, Maya aprendera que ali estava gravada a data da independência dos Estados Unidos. JULY IV MDCCLXXVI. O pai lhe ensinou os algarismos romanos — 4 de julho de 1776 — antes de ela aprender na escola. E foi nessa mesma visita que a menina tomou conhecimento da colaboração judaica ao monumento.

Pela mão do pai foi até o pedestal, onde ele apontou para uma placa de cobre. Explicou que o escrito era parte do soneto *O novo colosso*, da poeta e ativista judia Emma Lazarus, que fez campanha para arrecadar fundos para a construção da base da estátua.

Maya, compenetrada, leu a frase. "Mantenham terras antigas, sua pompa histórica." O pai não deixou passar a oportunidade de lhe ensinar a importância de uma vírgula. Havia uma falha na pontuação, e ele, com um gesto teatral, desenhou a vírgula com o dedo e pediu que relesse. "Mantenham, terras antigas, sua pompa histórica." Essa era a frase de Emma, e Maya nunca esqueceu a lição e lembrou, com carinho, como o pai sempre esteve ao seu lado. Agora, adulta, se dava conta de como ele foi presente na sua vida — e continuava sendo.

Gianni interrompeu seus pensamentos trazendo duas taças de espumante.

— Vim brindar com você a passagem por baixo da Verrazzano--Narrows. — Ele entregou a taça enquanto apontava para a ponte que se aproximava. Abaixou a cabeça de Maya, como se existisse o risco real de colisão. Maya riu. Após muitas exclamações de "Cuidado, vai bater!", uma onda de aplausos tomou conta do convés. A banda começou a tocar *New York, New York*, e um dublê de Frank Sinatra deu o tom da despedida da cidade.

Após 45 minutos da saída, o navio adentrou o Oceano Atlântico. O primeiro destino seria o porto de Southampton, na Inglaterra. O sol alaranjado começava a baixar por detrás das nuvens.

8

Uma cesta de frutas e uma garrafa de champanhe com um cartão gentil de boas-vindas da fundação esperavam Maya na cabine. Junto, um convite para a festa de confraternização na noite seguinte. "Vou finalmente conhecer Alice!"

Maya passou os olhos no Boletim de Notícias do cruzeiro. Familiarizou-se com a programação, as atividades oferecidas a bordo, horários de funcionamento dos restaurantes. Além da perspectiva de um trabalho interessante, já estava convencida de que desfrutaria de férias maravilhosas.

Decidiu tomar uma chuveirada e sair logo para jantar. O dia tinha sido longo, e queria dormir cedo para descansar. Encontrou Gianni no elevador.

— Você está me perseguindo? — Maya, com as mãos na cintura, falou, divertida.

— Pelo visto nós vamos nos esbarrar muito por aqui. Jantar? — ele indagou, espirituoso.

— Asiático? — Maya sorriu, desafiadora.

— Fechado!

O jantar foi, na verdade, uma longa e deliciosa noite regada a iguarias orientais e drinques de saquê. Com Gianni, Maya até se esqueceu de que pretendia dormir cedo. Trocaram ideias sobre o documentário. Sim, ele já tinha um roteiro alinhavado, uma espinha dorsal discutida com Alice, ao contrário de Maya, que literalmente caíra de paraquedas naquele projeto. Só o que tinha como certo, embora ainda sem data, era a palestra sobre sua matéria premiada: "Crianças abandonadas, vítimas invisíveis." Segundo a última notificação recebida da fundação, acertariam a bordo os detalhes de sua participação. Esperava poder entrevistar os passageiros. Queria ampliar sua pesquisa para novos artigos.

— Gianni, você que conhece Alice Sadovik, como ela é? — Maya a imaginava fechada, rígida, muito formal. Triste, talvez.

Gianni contou que eles já tinham se encontrado várias vezes na fundação em Nova York. O documentário era uma das peças-chave do projeto idealizado por ela, e tudo passava por seu crivo. Era desafiador trabalhar com Alice Sadovik, mulher firme, determinada. Extrovertida. Encantadora. Gianni ficara com a melhor impressão.

— Será que ela mesma é uma sobrevivente de guerra?

Gianni não soube responder.

Maya confessou que não via a hora de conhecê-la.

— Certamente amanhã, na festa de confraternização.

De volta à cabine, ela encontrou um envelope sobre a cama impecavelmente arrumada. Um convite da CEO para um almoço no dia seguinte ao meio-dia, em sua suíte.

9

Faltavam três minutos para o meio-dia quando Maya se olhou no espelho e aprovou a imagem refletida. Calça e sapatilhas azul-marinho, camisa branca com as mangas dobradas, pequeno par de brincos de ouro. Os cabelos cor de mel, soltos na altura dos ombros, bem escovados e brilhosos. Maquiagem leve. Conferiu o convite: Suíte 11.080. Era naquele mesmo andar, no final do corredor.

Quando a porta se abriu, uma mulher alta, de uma beleza madura, elegante, esguia, cabelos castanhos cuidadosamente tratados e olhos generosos, a recebeu com um sorriso enorme.

— Maya, que prazer, seja muito bem-vinda. — Alice estendeu os braços cumprimentando-a com um caloroso aperto de quatro mãos. — Estou feliz em conhecê-la. Venha, vamos entrando, por favor.

— Obrigada pelo convite, senhora Sadovik, fiquei lisonjeada.

— Alice, querida, só Alice. É uma honra para a fundação termos uma jornalista do seu calibre se unindo ao projeto Bússola. Você vai somar e muito, tenho certeza.

Alice conduziu Maya à varanda para um aperitivo antes do almoço.

Maya ficou gratamente surpresa. Alice não se parecia em nada com que havia imaginado.

— Maya, quero parabenizá-la por "Crianças abandonadas, vítimas invisíveis." Aquela matéria mais do que mereceu o prêmio outorgado. Você escreve com uma sensibilidade, com uma percepção tão únicas... Confesso que me emocionei. E você se tornou imprescindível para coroar a equipe do Bússola. Só você poderá escrever o livro da forma que eu imaginei, Alice disse com um sorriso.

— Livro?

— Sim, um livro — foi a resposta entusiasmada. O que eu mais desejo é um relato histórico do Bússola com esse toque de empatia, emoção, delicadeza e rigor! O toque Maya Machado, mistura do calor de sua brasilidade com a objetividade americana.

Era difícil avaliar quais olhos brilhavam mais, se os de Alice ou os de Maya, a quem a CEO passou uma lista e destacou:

— Temos uma equipe completa de profissionais de diversas áreas para um trabalho integrado. Poderá contar com qualquer especialista quando precisar. Aponte-se que os participantes, membros da Fundação, mesmo com o passado de crianças abandonadas, têm históricos bem distintos. A ideia é você captar o relato das pessoas e fazer um registro dos testemunhos de suas vivências. Eu imaginei um cenário mais vivo, por isso estou recorrendo a você, que é experiente, especializada neste assunto. A expectativa é que também faça uma grande reportagem dinâmica com as impressões do que você vai ouvir, dos lugares onde vamos parar, da sua interpretação e reflexão das cerimônias e do impacto delas nos participantes em cada porto. Servirá para uma futura publicação.

Maya ouvia atentamente.

— É importante você saber que esta é a primeira vez que eles se encontram pessoalmente com o intuito de socializar e trocar experiências. O objetivo do Bússola é comemorar os resultados alcançados nesses quarenta anos, agora todos juntos. Para essa reportagem, você poderá trabalhar em parceria com Gianni. Ele tem um olho excelente para captar a emoção na imagem. — Alice falou empolgada.

Fascinada, a moça ouvia com atenção. A energia que emanava daquela senhora a contagiava. A cabeça já estava a mil, pensando nas inúmeras possibilidades para o projeto que lhe tinha sido designado. Um livro e uma reportagem jornalística! Com essa, nem sonhara.

— Teremos uma infinidade de atividades a bordo, que mexerão muito com as emoções. Por isso serão acompanhadas por psicoterapeutas para garantir a segurança e tranquilidade dos participantes. Em cada parada, faremos visitas a locais significativos com celebrações, homenagens e retorno às origens de cada grupo e interesse, sempre com supervisão e todos os cuidados. — Alice falava e mostrava no mapa a rota do cruzeiro. — Muitas das memórias podem vir à tona — e certamente virão, e serão lidadas com extrema cautela. A meta é podermos terminar o cruzeiro em Hamburgo. De lá, cada um tomará um rumo diferente, de acordo com seu desejo e história para festejar a chegada do ano judaico de 5771, o Rosh Ashaná, com o espírito renovado. — Alice sorriu. — Começar o novo ano agradecendo por um novo tempo. Hoje é o primeiro dia para revisitar memórias e viver mergulhos profundos.

Maya fez que sim com a cabeça quando Alice colocou a prancheta de lado.

Antony, o mordomo, anunciou que o almoço estava servido.

10

Maya retornou à varanda enquanto Alice passava as últimas instruções à equipe para a festa de confraternização à noite.

A suíte, localizada na popa, tinha uma vista privilegiada. A imagem do navio cortando aquela massa líquida como uma navalha afiada, seguindo seu curso, deixava uma trilha de águas claras e espuma azulada. Revelava o caminho percorrido, contrastando com as ondas revoltas que se chocavam contra as laterais do casco da embarcação. A cena fazia Maya refletir sobre o trajeto de toda aquela gente que se reunia para relembrar o passado e honrar a vida. Tinha um desafio a vencer: colher a história dos personagens a bordo e escrever um livro. Não iria desapontar Alice.

— Desculpe-me pela demora. — A voz de Alice soou vibrante, enquanto puxava a cadeira para sentar-se. — A história de Faigue e Bertha mobilizou tanto a equipe que decidimos, por excesso de zelo, antecipar as homenagens para hoje à noite, na festa de confraternização. Bertha está empolgada, com ânimo de menina. Só não podemos nos esquecer de que já está com 85 anos! O que não faz o amor de mãe, não é mesmo?

— Faigue e Bertha? Quem são?

— Um caso raríssimo. Mãe e filha, separadas na guerra. Faigue foi deixada em um orfanato na Polônia, e Bertha nunca mais a viu.

No entanto, nunca desistiu de procurar pela filha. Faigue foi adotada e emigrou para Israel. Ela nunca mais soube dos pais. Agora, depois de tanto tempo — 65 anos! —, estão juntas — o rosto de Alice se iluminava — graças a um esforço conjunto da fundação com outros órgãos. E toda a família está aqui a bordo, conosco.

— E como se reencontraram?

— É uma longa e linda história. Você vai ter oportunidade de ouvir delas mesmas com detalhes.

— Então gostaria de começar pelo depoimento das duas. — Maya já via possibilidades de como encarar o desafio de registrar tantos relatos.

— Na verdade, gostaria que você recolhesse primeiro o meu depoimento.

Maya não ficou surpresa. Suspeitava que Alice tinha uma história pessoal para contar. Imaginou que, nascida em 1935, ela pudesse ser uma sobrevivente, abandonada durante a guerra. Presumiu até que essa tivesse sido sua motivação para trabalhar na fundação.

— Você também é órfã de guerra? — Maya se fez repórter e foi direto ao ponto.

— Não, eu sou órfã... de filha. — Alice apertou os olhos como se resgatando na memória a imagem de sua menina. Respirou fundo, e continuou. — Eu tive uma filha, minha Annya, que desapareceu aos 16 anos de idade. Na verdade, essa é uma longa história. Mas antes eu vou começar a contar a minha origem desde quando meus pais, Solomon e Lia, e meus avós maternos, Moishe e Beile, saíram da Alemanha. Por isso devemos começar logo. Você está pronta, Maya?

Claro que sim. Correu para a bolsa, pegou o celular e ajustou o gravador. Quando se voltou para Alice, percebeu que seu olhar já não focava mais o presente. Fixava-se em um lugar e um tempo muito distantes.

11

Berlim, Alemanha | 30 de janeiro de 1933

Era uma manhã fria. Lia olhou o termômetro na porta da sala e aumentou a temperatura do aquecedor. Vivenciavam um inverno rigoroso. O mês que entrava ameaçava ser terrível. Precisava ocupar a mente. Vinha dormindo mal, preocupada. A vida tomava rumos inesperados.

Num canto da sala, Solomon, taciturno, cenho franzido, folheava um livro. A vitrola, emudecida. O silêncio se encarregava de preencher o ambiente.

Solomon Sadovik era professor de literatura na Universidade de Berlim. Lia, formada em francês, trabalhava na *Maison du Livre*, livraria especializada em literatura francesa, ponto de encontro de intelectuais. Era também uma excelente contadora de histórias. Estavam casados havia pouco mais de um ano, após um longo período de namoro e noivado.

Embora fosse uma segunda-feira, não foram trabalhar e esperavam os pais de Lia, que logo chegariam para almoçar. Agitada por conta da realidade que viviam, Lia foi para a cozinha. Debruçou-se meticulosamente sobre os alimentos que tinha disponíveis, criando uma receita como se fosse uma história francesa, fazendo dos ingredientes personagens para abstrair-se da preocupação que reinava.

Era dia da posse do novo chanceler, Adolf Hitler. Difícil admitir que tivesse sido legitimamente eleito. O povo, cansado das dificuldades por que passava, acreditou nas promessas de uma vida melhor.

A discriminação contra os judeus sempre existira, mas desde que Hitler surgiu na cena política, as manifestações antissemitas ficaram mais escancaradas. Hitler já tinha seu próprio exército e uma legião de fanáticos.

"Ele não é governo" — os intelectuais tinham argumentado até então, tentando minimizar a apreensão. Mas agora, sim, ele era governo. Era o Chanceler.

Moishe e Beile chegaram. A mãe até trouxe um *strudel* para a sobremesa, entretanto, aquilo era o que menos importava. Estavam todos aflitos.

Depois de se desvencilharem dos casacos pesados, Moishe se aproximou do genro. Beile acompanhou a filha à cozinha. Apesar de toda a preocupação por que passavam, sentiam-se aconchegados junto de Lia e Solomon. O encontro era sempre muito prazeroso.

— Você precisava ver a euforia das ruas, como as pessoas estão, é assustador. — Moishe falou baixinho.

Solomon escondeu o livro. Não queria preocupar mais o sogro. Era o *Mein Kampf*. O livro do Chanceler tinha chegado às suas mãos através dos colegas da faculdade. E o que mais o afligia era quantas pessoas o haviam lido – e poderiam ser contaminadas por suas ideias insanas. Uma frase não lhe saía da cabeça: "Os judeus seriam removidos, e um novo habitat seria conquistado pela espada".

A angústia foi interrompida pela campainha. Era Max Liebermann, que, ofegante, trouxe a realidade das ruas. Lia logo serviu água ao velho amigo da família, que não parava de falar.

— As tropas estão atravessando o Portão de Brandemburgo, celebrando a posse de Hitler! São milhares de soldados. Marcham com suásticas nas braçadeiras.

Uma tensão tomou conta de todos, que ouviram o relato atentamente. Solomon sentiu a boca seca como se tivesse engolido cinzas. Max, atônito, falou das tochas acesas fazendo um grande corredor como fitas de fogo para atravessar a cidade. Descreveu, com espanto, a turba que aplaudia, eufórica. Era como se Berlim, de repente, fosse um outro lugar, diferente.

— E o imbecil do presidente Hindenburg acredita mesmo que vai poder enquadrar esse louco? — Max esbravejou, enfurecido.

Moishe teve uma forte sensação de *déjà-vu*. Não bastava terem fugido da Rússia? Agora a Alemanha começava a ameaçá-los? Depois de pogroms, uma revolução, uma Grande Guerra, tantos mortos, e o mundo ainda não tinha aprendido nada?

Ninguém teve resposta.

— Com a barriga vazia vai ser impossível pensar. Para tudo há solução. Vamos comer alguma coisa. — Beile quebrou o silêncio e foi buscar as travessas.

Lia e Solomon, angustiados, entreolharam-se, enquanto Beile, agitada, começava a servir os pratos.

— Ah, meus amigos, não conseguirei comer tanto quanto gostaria de vomitar! Já entreguei a presidência da Academia Prussiana das Artes. Doze anos de trabalho jogados fora, com um estalar de dedos. Perdemos os cargos, eu e todos os judeus da Academia! — Max bradou, indignado.

Solomon refletia como Max Liebermann, pintor ligado ao Impressionismo, um dos maiores ícones da vanguarda alemã, fora escorraçado, como um nada.

— Vocês precisam ir embora! Já! — Max gritou. — Não tardará para você, Solomon, perder seu posto na universidade.

Solomon tentava se controlar. Admitia que isso poderia acontecer muito antes do que se imaginava. Trocou olhares com o sogro. Era nítido que aquilo também o preocupava.

Em Moishe reverberava o "Vocês precisam ir embora". Era hora de procurar o irmão mais velho, Mischka, que já estava na América desde o começo do século. Eles jamais perderam contato. Na época da Grande Guerra, Mischka, que se tornara cidadão americano, insistiu para que fossem para lá. Não os convenceu.

Por uma guerra passaram, agora melhor não arriscar. Nascidos em Odessa, Beile e Moishe tinham fugido da violência da Rússia e se estabelecido em Berlim. Começaram do zero, abrindo uma portinha de comércio. Beile costurava as roupas, Moishe as vendia. Construíram, pouco a pouco, uma bela loja com confecção própria que hoje lhes garantia uma vida confortável.

Naquela segunda-feira, não abriram. Por precaução. Isso era o de menos, o problema era o que poderia vir à frente. O povo estava comemorando; eles não tinham o que festejar.

O grito de Max trouxe de volta a voz do irmão Mischka. Ligaria para ele. Quem sabe ele não os tiraria da Alemanha? Para Lia e Solomon, sem filhos, não seria difícil organizar a saída. Logo que tivesse uma resposta, falaria com eles.

— Vocês precisam ir embora! Já! — Max gritou outra vez.

Deixaram a mesa com os pratos intocados.

12

Berlim, Alemanha | Fevereiro de 1933

Transcorridos cinco dias da posse de Hitler, a situação só piorava. Lia chegou do trabalho muito assustada.

— O que está acontecendo? — Solomon perguntou ao ver, pela janela, um movimento estranho nas ruas.

— Uma loucura! Ainda bem que hoje o açougue dos seus pais não funciona! Os meus decidiram fechar a loja por uns dias, por cautela. Passei por lá agora há pouco. Vão ficar em casa até a situação se acalmar.

— O que está acontecendo? — inquieto, o marido não tirava os olhos da rua.

— Os soldados, e até crianças, estão depredando a cidade, num grande boicote contra nós! Estão pichando a palavra JUDEU nas vitrines e pintando estrelas de David nos estabelecimentos. Você tinha que ver a Françoise, que coragem! Enfrentou os vândalos, levantou a voz dizendo que ali era uma livraria francesa, e que eles iriam prestar contas ao governo da França se quebrassem um vidro ou pusessem um pingo de tinta na vitrine.

— Isso não é coragem, é falta de juízo, Lia! A livraria é francesa; a dona, Françoise Frenkel, é judia.

— Eles estão sem medida, Solomon. Eu não vejo a hora de irmos embora daqui. — Lia seguiu para dentro de casa.

Solomon também não via a hora de deixar a Alemanha. Preocupava-se com os pais, que se recusavam a deixar o país. Não havia jeito de demovê-los dessa decisão desvairada.

Diziam que tinham um açougue para cuidar e uma vida para viver. E contavam com o respaldo dos outros três filhos, também irredutíveis. Nascidos na Polônia, vivendo em Berlim havia décadas, mesmo com o cerco se fechando, acreditavam que, no final, tudo acabaria bem. Sequer viam gravidade nas leis antissemitas nem no boicote aos profissionais liberais de origem judaica.

13

Berlim, Alemanha | Abril de 1933

Solomon dirigiu-se ao auditório da universidade. A inesperada convocação geral congestionou os corredores. Havia dias os boatos tomavam conta da cidade. Falava-se de elaboração de políticas raciais do governo de Hitler, contra a vontade do presidente Hindenburg, àquela altura mera figura decorativa.

O salão logo ficou repleto. O reitor saudou a plateia secamente, o rosto impassível. Sem rodeios, anunciou:

"O governo acaba de aprovar a Lei de Restauração da Função Pública Profissional, que se aplica a inúmeros segmentos e que passará a valer imediatamente nesta instituição. Sendo assim, membros de certos grupos serão desligados da universidade..."

O discurso não surpreendeu Solomon. Já sabia que os judeus estariam entre "certos grupos". Observou os colegas. O professor de biologia já falava que talvez sobrassem mais verbas para o estudo das ciências eugenistas. Lembrou a conversa com Max Liebermann e sabia que sua hora estava próxima. Logo foi chamado ao gabinete do reitor. Minutos depois, de volta à sua sala, procurou uma caixa para colocar livros e objetos pessoais.

Alguns professores tiveram a coragem de sair lado a lado com seus colegas judeus. Nem todos; a maioria manteve uma distância segura daqueles que, até algumas horas antes, eram seus amigos mais íntimos.

Enquanto alguns alunos baixaram os olhos quando ele passou, outros esticaram o braço e gritaram: "Heil, Hitler".

Solomon cruzou o portão. Para sempre.

14

Não havia mais empregos públicos para judeus, nem escolas públicas para seus filhos. A comunidade se juntou para reagir e encontrar uma solução. Solomon passou a lecionar em um colégio judaico com a tensão de como seria o futuro daqueles meninos e o daquele país. Outros professores desempregados foram alocados em sinagogas, e até mesmo em residências, para dar aulas para pequenos grupos de alunos. Não havia salário, algumas vezes recebiam um valor simbólico. Solomon pressentia que era um gueto se formando.

Lia continuava na livraria. Os pais ainda tinham a loja, mesmo lhes sendo permitido vender apenas para judeus, cada vez com menos poder de compra.

O cerco se fechava. As famílias que dispunham de meios se organizavam para deixar a Alemanha nazista. Mas quantas chegariam a sair?

Com a morte do presidente Hindenburg, Hitler se tornou Chefe de Estado e Líder Supremo das Forças Armadas. Nos seus discursos, ressaltava os tempos vitoriosos da Alemanha e se enaltecia pelo retorno dos anos gloriosos do Reich: iria dominar toda a Europa.

Durante quase dois anos, Solomon, Lia, Beile e Moishe viveram a angústia diária da espera do visto. Mischka, nos Estados Unidos, corria atrás de ajuda para acelerar a autorização de entrada da família.

A vida para Mischka não tinha sido fácil. Emigrante russo de Odessa, chegou sozinho na América com uma mão na frente e outra atrás. Mais de trinta anos depois, era um homem bem-sucedido. Criou uma pequena indústria no Brooklyn, bairro onde os imigrantes judeus russos se estabeleceram no começo do século em Nova York. Agora Mischka lutava para reunir novamente a família.

No final de dezembro, dez dias antes da virada do ano, finalmente chegou a Berlim a documentação mais esperada. Junto, as passagens. Enfim poderiam partir para a América. O navio *Reliance* sairia de Hamburgo no primeiro dia do novo ano. Agora só dependiam de a Embaixada Americana carimbar o visto nos passaportes.

Moishe e Beile se desfizeram da loja com todo o estoque. Os trinta anos de trabalho foram assim ofertados ao maior concorrente do bairro por um valor simbólico. Sentiram o coração apertar quando o letreiro foi arrancado e substituído por longas faixas vermelhas com a assustadora e temida suástica preta. Junto foi o apartamento que compraram com tanto custo. Escapava de suas mãos a realização de uma vida.

Beile ficou com a pequena máquina de costura dourada, de ferro, a primeira de todas, que levaria para a América. "As pessoas sempre vão precisar comer e se vestir" — repetia com frequência.

Descontados os impostos extorsivos, haviam recebido quase nada. Moishe segurou forte a mão da mulher. — Juntos, estaremos bem em qualquer lugar — falou — e sempre repetia — para convencer a si mesmo já que teriam que recomeçar do zero.

Do outro lado da cidade, Lia se despedia de Françoise. A livreira agradeceu sua dedicação e pediu que mandasse notícias assim que possível. Depois de um forte abraço, entregou-lhe um livro. *Guide de bonnes manières pour une jeune fille bien* élevée. "O que esse livro tem a ver comigo? Guia de boas maneiras para uma moça fina?" Na capa colorida, uma jovem posando com luvas brancas e mão no queixo. Sem entender, aceitou com olhar estarrecido. Françoise deu um leve sorriso e puxou parte da capa interna. Mostrou um compartimento secreto.

— Leve na bolsa de mão, difícil alguém desconfiar — apontou para o título. — Desejo que tenham toda a sorte do mundo. Que a gente possa se encontrar outra vez, em dias melhores. *Bonne chance*! Cuide-se bem.

O visto saiu dois dias antes do embarque.

15

Hamburgo, Alemanha | Terça-feira, 1º de janeiro de 1935

À medida que o navio se afastava do cais, só o apito de partida quebrava o silêncio a bordo. Os pássaros se refugiavam nas alturas. Os passageiros, corações apertados, ombros curvados, quase que imóveis, sequer sentiam o vento frio que atravessava os casacões. Num misto de alívio e tristeza, amontoavam-se na amurada. Tinham os olhos embaçados, cravados nos poucos lenços brancos agitados do cais.

Eram vidas interrompidas, um adeus fragmentado de famílias separadas. Para muitas só havia dinheiro suficiente para uma passagem por vez. Haviam se mobilizado para que pelo menos um membro da família saísse. De preferência os mais novos. Partiam com uma expectativa pessimista quanto a se reunir novamente. Para muitos seria impossível. Era a solução no momento, tinham de tentar. A Alemanha estava cada vez mais violenta.

Lia sentiu-se intimidada pela suástica que tremulava no alto do mastro do navio. Imediatamente protegeu a barriga com as mãos. Não tivera coragem de compartilhar a notícia com a família; estava difícil encontrar o momento mais oportuno. O sonho de uma vida se concretizara em um momento impróprio, com futuro incerto.

Reconfortava-a o fato de que a criança nasceria na América, longe da repressão, sem medo, livre. Abraçou-se a Solomon. Ele tinha os olhos fixos no porto. Na terra, um trotar de botas chamou-lhe a atenção para o canto do cais. Logo uma gigantesca bandeira nazista foi hasteada, saudada por jovens soldados que gritavam "*Heil*, Hitler".

O navio já se afastava. Em breve venceriam aquelas quase três semanas que os separavam do porto seguro. Solomon estava triste por ver a terra onde nasceu sumir assim, aos poucos, engolida pelo mar e pela selvageria. A terra que seus pais e irmãos se recusaram a deixar. Temia pelo futuro deles.

Lia, inundada por uma felicidade a que se misturavam estilhaços de medo e insegurança, tomou coragem, pegou a mão do marido e a apertou sobre sua barriga com toda força. Solomon virou-se para ela, ergueu as sobrancelhas. Lia fez que sim com a cabeça. Quantas vezes sonhou com esse momento, sem jamais imaginar que aconteceria em situação tão ameaçadora. Solomon a envolveu em um abraço cálido e silencioso. Nas lágrimas, manchando os casacos, choravam juntos. Aquele dia significava o início de uma vida nova. Era à esperança que deviam se agarrar. A vinda de um filho. Um bom sinal. Não à toa aquela criança nasceria em solo americano. A fé no futuro se afirmaria quando, mais adiante, já atravessassem águas salgadas do oceano. Por enquanto o *Reliance* ainda deslizava suavemente pelo rio Elba em direção ao Mar do Norte. Hamburgo — e a Alemanha — já haviam ficado longe.

16

Nos navios que cruzavam o Atlântico para chegar à cobiçada América tornara-se comum quase todos partirem com bilhetes só de ida. Era uma mudança, não um passeio. O objetivo, comum e único: sobreviver.

A maior parte dos passageiros viajava na terceira classe, no convés inferior, de onde não podiam sair. Submetiam-se a longas travessias com ventilação insuficiente através de escotilhas que ficavam trancadas durante os dias de mar agitado e tempestades — o que não era raro. Também não era rara a propagação de doenças e mortes nos cubículos confinados.

Os Rozental Sadovik podiam agradecer duplamente. Tiveram a sorte de ganhar de Mischka uma cabine de segunda classe, que dava acesso livre a todo o navio, exceto aos salões da primeira classe. Embora pequena, era confortável. Tinha uma pia entre os dois beliches e uma escotilha de onde era possível ver o mar. O banheiro e lavatório, de uso compartilhado, ficavam no corredor.

Beile concentrava-se na limpeza e organização da cabine enquanto Moishe guardava as roupas no pequeno armário, em silêncio. Preferiram não ver sua terra ficar para trás. Por um instante se esqueceram do que os tinha levado até aquele momento. A vida já tinha trazido tantos recomeços. Deixaram a Rússia muito jovens, hoje tinham mais experiência. Lembravam-se bem do medo da mudança. Tentavam manter o pensamento positivo. A travessia os levaria para o porto seguro. Queriam acreditar.

Lia e Solomon entraram, mãos dadas, inquietos. Beile não lhes fez caso. Moishe percebeu e voltou a cabeça para a filha.

— Tudo bem, *meidele*? — o pai indagou, com uma prega de preocupação na testa.

Lia fez uma pausa e, naquele momento, Moishe sentiu sua angústia. Seria o medo natural do desconhecido? Aproximou-se e pegou sua mão, que beijou carinhosamente.

— Estamos todos juntos. Vai dar certo. Tudo vai dar certo. O pior passou, acredite. Ficaremos sempre os quatro juntos.

— Cinco, papai. Cinco. — falou, acariciando a barriga. — Nós queríamos tanto, e agora, como vai ser?

Beile, que parecia alheia à conversa, paralisou. Sempre com uma solução na ponta da língua para cada problema, desta vez faltou-lhe até mesmo a certeza de ter entendido o que acabara de ouvir. Sonhara tantas vezes com um neto... Ele poderia chegar em uma hora melhor. Ou hora não se escolhe, e essa seria a motivação de que precisavam para o futuro? — se perguntou. Olhou para um Moishe estarrecido. Virou-se para a filha e o genro. E não conteve a lágrima que cismava em se formar no canto do olho.

— Filha... — Beile não emitiu mais nenhum som.

Moishe abriu os braços, e os quatro se enlaçaram, num gesto de carinho gravado para sempre em suas memórias. Aquele momento, quando tudo o que tinham fora deixado na Europa, quando tudo era incerteza e medo, trazia a possibilidade de um recomeçar com esperança. Não seria fácil, todos sabiam. O bebê de Lia seria o estímulo para a garra que precisariam ter para seguir adiante.

17

Agosto de 2010

— Alice, você é a filha de Lia e Solomon? — Maya perguntou, absolutamente encantada com a história que acabara de ouvir.

— Sim — Alice falou orgulhosa de sua origem. — Eu fui a notícia boa dentro de uma realidade terrível. Ganhei o nome de Alice para honrar aquela passagem. Alice significa "aquela que vem do mar, da água salgada do mar". E nasci em 4 de julho, dia da Independência dos Estados Unidos.

A assistente abriu a porta da varanda e entrou em seguida. Já eram quase sete da noite.

— Desculpe incomodá-las. Vim apenas avisar que daqui a pouco começa a festa de confraternização. O jantar é às 20h30.

Maya desligou o gravador, voltou para sua cabine. Havia muito o que processar, aquilo era só o começo. Quantas camadas de história haveria ali? E qual seria a história de Alice? Órfã de filha?

18

Maya subiu as escadas que davam para o salão, no deque mais alto do navio. Avistou Alice recebendo os participantes, num singelo *tailleur* rosa-chá. Pérolas adornavam seu rosto e colo. Não exibia qualquer traço de cansaço. Na face permanecia o viço; no corpo, a força. Ainda conservava certa sensualidade. Maya imaginou como deveria ter sido aquela mulher cinquenta anos antes. "Espetacular!" — pensou.

A jornalista se deu conta de que o trabalho estava sendo muito mais surpreendente do que antecipara. Quando aceitou o convite para a viagem, pressupôs que um tempo fora ajudaria a esquecer Paul. Verdade era que tudo estava realmente lhe trazendo um ânimo de vida. O desafio de escrever um livro de tamanha importância era tentador. E ainda mais uma reportagem jornalística! Havia muitas histórias para serem contadas. Certamente se depararia com segredos espantosos e singulares. Sua alma de jornalista fora despertada. Ela já percebia que iria conhecer atos verdadeiramente heroicos.

Alice a saudou com um abraço e palavras carinhosas.

— Querida, você está lindíssima. Seja muito bem-vinda.

Maya recebeu um cartão com o número da mesa que lhe fora designada e entrou.

O salão, inteiramente envidraçado com vista para o oceano, estava vestido para a festa do Jubileu de Esmeralda da Fundação Crianças Desaparecidas Julius Klein. No fundo, uma enorme tela projetava a história da entidade. Retratos de pessoas de todas as idades que foram resgatadas pela Fundação ao longo dos quarenta anos de atividade eram projetados ininterruptamente. Em 1995, com a morte do fundador, Dr. Julius Klein, incansável durante os 25 anos em que esteve à frente da instituição, Alice Sadovik, que já era seu braço direito, assumiu a direção e vinha conduzindo o trabalho de forma brilhante.

Maya se aproximou de Gianni, que já estava ali. Pegou a caderneta para fazer algumas anotações.

— Dr. Julius foi separado do filho em Auschwitz. — Gianni falou sem tirar os olhos da tela, onde, naquele momento, passava a foto dos dois, jogando bola no jardim da casa em Frankfurt, onde moraram antes da ocupação nazista. Em seguida, um close do rosto do pequeno Eli Klein, cinco anos, abraçado ao pai.

Maya espiou em volta e percebeu a emoção que inundava o recinto. Olhou para Gianni como sinal de que continuasse a falar.

— Dr. Julius sobreviveu. Procurou por Eli a vida toda e morreu sem encontrar uma pista sequer. Já Alice também perdeu sua filha única, numa situação alheia à guerra. É uma história de que não sei detalhes. Alice não fala muito sobre isso. E a foto também não foi mostrada.

Com exceção das fotos de Julius e do filho, as demais celebravam o resgate e a vida. Maya observou que todas as pessoas retratadas tinham em comum o olhar.

”Felicidade. É isso então que a fundação entrega!”

— Acho melhor tomarmos nossos lugares. — Gianni a interrompeu quando viu Alice se encaminhar para a mesa central, onde Maya também ficaria. A cerimônia estava prestes a começar.

19

Era noite lá fora quando Maya despertou. Ainda que tivesse dormido poucas horas, sentia-se pronta para o dia atarefado.

A cerimônia havia sido um momento único, intenso. Relembrou o impacto que lhe causara.

No salão lotado mantinha-se vivo o que se tentou exterminar. Famílias compartilhavam histórias. Testemunhavam reencontros de parentes e amigos que passaram pelos horrores da guerra. Separados, alguns voltaram a se reunir tempos depois e retomaram suas vidas. Outros, como no caso de Faigue e Bertha, uma feliz exceção, se reencontraram quando a descrença já era certeza. A determinação de Bertha em descobrir a filha era tamanha que decidiu participar de um programa popular na TV israelense chamado *Identidade Perdida*. Sua garra sensibilizou o grande público. A repercussão foi tão grande que a história ganhou muitos seguidores e chegou a Alice. A Fundação Crianças Desaparecidas Julius Klein se juntou à rede de busca. A emissora enviou um pesquisador ao Leste Europeu com a missão de rastrear o passado. Localizou a diretora do orfanato que abrigou Faigue. Por sorte, ela lembrou o nome da família que adotou a menina, levada um dia antes de a instituição fechar. A partir do sobrenome, os investigadores entraram em ação. Alice acompanhou a busca pelos catálogos telefônicos dos Estados Unidos, do Canadá e da Austrália, países que receberam muitos judeus após a guerra. Três anos depois, em 2005, Faigue Goldberg foi surpreendida pela visita de Bertha em seu apartamento no Upper East Side de Manhattan. Passados sessenta anos, a mãe tinha finalmente chegado para buscá-la. E a notícia correu o mundo.

O relato atraiu depoimentos parecidos, outras histórias emocionantes foram compartilhadas.

Naquele salão, Alice via, com a sensação de missão cumprida, os participantes como peças de um quebra-cabeças que se encaixavam como uma tela única.

Maya pegou o bloquinho na mesa de cabeceira com suas anotações. Releu o que Alice falara à plateia:

"Somos todos elos de uma corrente. É essencial sabermos de quem viemos e de onde viemos. Quem são ou foram nossos pais. Quem são ou foram nossos avós e nossos bisavós. Nossos antepassados."

As palavras de Alice reverberavam em Maya, que foi para a varanda contemplar o mar. O sol já despontava no horizonte. Decidiu dar umas braçadas na piscina. Com a cabeça a mil por hora, tinha que gastar energia para começar o dia, antes mesmo do café da manhã. Precisava organizar os pensamentos para a segunda parte da entrevista com Alice.

O navio ainda dormia quando Maya imergiu na água azul da piscina, levemente agitada por braçadas de outro nadador. Para sua surpresa, era Alice dando-se conta da presença da jovem. Sorriu-lhe como num convite e retomou o nado. Maya acompanhou seu ritmo. E assim prosseguiram até o momento especial ser interrompido pelo mordomo com toalhas aquecidas. Alice deixou a piscina. E Maya seguiu nadando.

20

Maya chegou mais cedo do que o combinado à cabine de Alice, que estava ocupada, resolvendo alguma pendência do Bússola. Maya, sozinha, olhou em volta. Na cadeira, um casaco macio de cashmere que tocou suavemente, percebendo o quanto se sentia bem ali. Reconhecia, intrigada, a forte sensação de acolhimento e conforto. Apesar de ser ainda uma desconhecida, sentia uma proximidade inexplicável. Sempre muito pragmática, descobriu-se mais sensível, emotiva até. "Essa separação inesperada do Paul. É isso, devo estar sentindo o rebote do choque." — racionalizou.

— Desculpe-me, querida, precisei fazer algumas alterações nas atividades de hoje. — Alice explicou, sentando-se à mesa, levando a xícara de café preto aos lábios. — Fiquei surpresa em constatar que tenho uma companheira de natação nas primeiras horas do dia. — falou sorrindo.

— Para dizer a verdade, também me surpreendi em vê-la na piscina, ainda mais tão cedo. Achei que seria a única madrugadora no navio. A água me equilibra. Nado há muitos anos, principalmente em períodos intranquilos.

— E está vivendo um deles agora?

— Minha vida não é tão interessante quanto a sua. — Maya desconversou. — Meu trabalho é o meu oxigênio. Vou fazer 38 anos, estou construindo uma carreira, amo o que faço. Gosto de desafios, por isso estou aqui. — sorriu. — Vivo no Rio de Janeiro. Nasci nos Estados Unidos. Sou filha única. Meus pais são médicos, ele americano, e ela brasileira. Moram na Flórida, os dois aposentados. — Maya fez um breve silêncio. — Acho que tenho mais que ouvir do que falar. Vamos voltar para a sua história? Ainda tenho muito que conhecer. — disse enquanto pegava o gravador e o caderno de notas.

Alice fitou a moça e pensou: "Andar antes de correr, correr antes de voar, Alice."

Acomodaram-se nas poltronas.

— Paramos com o anúncio da gravidez da sua mãe para os seus avós.

— Pois é, três semanas depois, meus pais e avós chegaram em Nova York e foram recebidos pelo meu tio Mischka, que vivia há tempos no Brooklyn.

Alice retomou a narrativa.

21

O navio atracou no Porto de Manhattan na manhã fria e chuvosa da 6ª feira, 18 de janeiro de 1935. Mischka Rozental, debaixo da marquise, amassava o chapéu. Aguardava a família, ansioso, como todos os que estavam ali.

A aflição era maior para aqueles que esperavam parentes que vinham na 3ª classe. Esses eram levados de barco para a Ellis Island, a 15 minutos do porto. Lá passavam por uma rígida triagem antes de obterem autorização para entrar no país. Muitos eram liberados, alguns ficavam em quarentena, enquanto outros eram rejeitados e enviados de volta ao país de origem.

A família Rozental Sadovik não passaria por isso.

Os passageiros começavam a descer. Mischka buscou o irmão no meio da aglomeração. Não se viam havia mais de trinta anos. Como ele estaria? Os refugiados tinham as mesmas caras cansadas debaixo dos chapéus e cachecóis, os mesmos corpos curvados sob os pesados casacões. O medo estampado nos rostos.

De repente, os olhares dos irmãos se cruzaram. E eles se reconheceram.

Quando Moishe e Mischka finalmente se reencontraram, abraçaram-se aliviados por terem vencido aqueles dois anos de incerteza, terror e fuga.

Mischka estava feliz por voltar a ter uma família. A vida não tinha sido fácil para ele. Perdera o único filho para a pólio. Viúvo, havia três anos que partira a sua Leah, companheira de uma existência. E ele ficou só, com o negócio que construíram juntos, embora sem o entusiasmo de antes. Não voltou a se casar.

Ele vivia numa casa confortável, sem luxos, na esquina da fábrica de roupas femininas. Arrumou dois dos quatro quartos para receber a família. A cozinha de Leah veria calor novamente. E a casa, luz do sol.

O Ford 1928 era o seu orgulho. Levou a família até o estacionamento.

Ajeitaram as bagagens, Beile agarrada na máquina de costura, mesmo na hora de entrar no carro. Foi ao lado de Mischka, segurando-a no colo.

O mistério do apego foi logo esclarecido. Beile trouxera camuflado o pouco que tinham em um compartimento secreto da máquina. Moldes da confecção forravam o tampo inferior do gabinete. A aliança e o par de brincos que usara em seu casamento, além de um broche de família que ganhara da avó, vinham encaixados entre retalhos.-

A *mezuzá* de prata, que protegeu a família por tantos anos, assentada no umbral da porta, foi removida com cuidado. Viajou envolta em veludo, presa à base da máquina. Seria colocada na entrada da próxima residência, na América. E continuariam sendo protegidos pelo Criador.

Era tudo o que tinham para recomeçar. E de enorme valor sentimental para a família.

Lia também trouxe dentro *do* livro que Françoise lhe dera, um anel de brilhantes e a *mezuzá* de seu apartamento. E ainda fotos de família camufladas no fundo falso, que certamente seriam rasgadas e jogadas fora, caso os nazistas as encontrassem. A maior preocupação foi salvar a *Yad* de prata de Solomon, o apontador ritual que serve para acompanhar a leitura da *Torá*. Presente do pai em seu Bar-Mitzvá, embora Solomon não fosse religioso, tinha grande valor afetivo. Significava o recomeço. Seria passado para o filho que viesse. Solomon estava inconsolável por deixar a família.

Salvaram o que tinham, preservaram os símbolos de suas raízes.

Naquela sexta-feira, Mischka caprichou na mesa do Shabat para celebrar a chegada e reunião da família Rozental. Juntos prenderam as *mezuzot* nas portas de seus novos quartos. Fizeram as orações, acenderam as velas, tomaram o vinho e comeram a *chalá*. Sentiam-se protegidos e seguros. Abençoados.

E a vida recomeçou.

22

Mischka transparecia felicidade quando levou a família para conhecer a fábrica. Há muito os operários não o viam tão animado. Beile, atônita, observava a maquinaria, as mesas de produção. A dimensão. As possibilidades. Tão diferente de Berlim. Era uma outra realidade. A cabeça já rodava com ideias. Gesticulando, começou a se comunicar com a costureira que finalizava um vestido. O brilho nos olhos e o calor da voz fizeram com que nem o idioma se tornasse um empecilho.

Beile levou na visita os moldes que trouxe. Abriu-os sobre a mesa de corte, apontou, mostrou. Pouco tempo depois, já integrada na confecção, ela e o grupo de costureiras apresentaram a Mischka uma coleção de vanguarda europeia para entrar em produção.

Moishe, animado com a perspectiva de trabalhar com o irmão, colocou em prática sua habilidade e experiência em vendas. Descobriu que, na terra da oportunidade, havia muitos judeus, russos e alemães com quem se entendia e fazia bons negócios. Conquistou novos clientes.

A fábrica passou a ser a rotina da família Rozental.

Alice, filha de Lia e Solomon, cresceu no meio das máquinas de costura com forte sentimento de pertencimento e justiça. Aprendeu a ler sozinha aos quatro anos. Foi o elo que ajudava os avós a se comunicarem na nova terra.

Os anos passaram, a família foi prosperando, cada vez mais integrada à América.

Beile e Moishe se tornaram sócios de Mischka.

Solomon finalmente teve seu diploma e sua habilitação universitária reconhecidos. Voltou para a vida acadêmica como professor de literatura alemã na Universidade de Nova York.

Lia arrumou emprego em uma livraria do Brooklyn especializada em livros franceses.

A cada ano a Alemanha ficava mais distante.

23

Mischka era voluntário ativista sênior da *American Jewish Joint Distribution Committee*, a *Joint*, uma organização internacional de assistência judaica e apoio aos refugiados judeus sediada em Nova York. Lia e Solomon passaram a frequentar as reuniões com o tio desde que a Europa enlouquecera. Nessa altura, já havia listas de presos nos campos de concentração alemães.

Solomon tentou tirar os pais da Alemanha com o auxílio da *Joint*. Tarde demais. Ao contrário de outras famílias, não teve êxito. Terminada a guerra, foram meses até saber seu paradeiro. Os pais e irmãos tinham sido levados para Auschwitz.

Soube também que os nazistas invadiram o Cemitério de *Schonhauser Allee* em Berlim, onde estavam enterrados seus avós e seu amigo Max Liebermann. Quebraram lápides, desenterraram ossos e jogaram futebol com os crânios diante de uma plateia de judeus, confinados ao redor, que assistia, impotente. Solomon tentava lidar com a angústia que o afligia a cada leva de notícias, mais e mais assombrosa.

Desde cedo Alice participou com a família das atividades da *Joint*. Essa prática a ajudou a construir uma consciência judaica politicamente ativa. Lá reuniu toda a experiência que precisou para, muito mais tarde, dirigir a Fundação Crianças Desaparecidas de Julius Klein.

Numa festa da *Joint* ela conheceu Albert.

24

Albert Levy era um rapaz diferente dos jovens com quem Alice convivia no Brooklyn. Terceira geração nascida nos Estados Unidos, rico de berço, leve de alma, Albert cresceu longe da herança da guerra. Não se comovia tanto com os judeus da Europa. Era uma realidade muito longe dele.

A família Levy, do pai, fugiu de Odessa no final dos anos 1870. Foram primeiro para a Europa, e depois, direto para Nova York. Não demorou muito para fazerem fortuna no novo continente. Ourives, se tornaram joalheiros de renome. A Joalheria Levy ocupava posição de prestígio em Nova York.

A família da mãe fugiu de um *shtetl* na Rússia em 1881, logo depois do assassinato do czar Alexandre II e da onda dos sangrentos pogroms que ocorreram em toda a Zona de Assentamento, onde vivia. Ajudada pelo Barão de Hirsch, o maior filantropo judeu de todos os tempos, a família se instalou em Nova York, onde construiu fortuna na área das finanças.

Embora não fossem judeus praticantes, os Levy eram doadores generosos para as causas judaicas. Uma noite de gala da *American Jewish Joint Distribution Committee*, a *Joint*, não estaria completa sem a presença deles.

Alice acompanharia o tio ao evento da *Joint* no Museu Judaico de Nova York, uma espetacular mansão na Quinta Avenida, doada vinte anos antes pelos Warburg. Mal podia esperar sua estreia. Há mais de dois anos ela vinha participando das reuniões que o tio promovia para pequenos grupos, sempre com a finalidade de arrecadar fundos. Agora chegara a hora de colocar em prática, junto a donos de grandes fortunas, tudo que aprendera: ela estava pronta.

A prova de fogo se daria com um exclusivo e seleto grupo de beneméritos nesse baile de gala. Mais do que nunca seria imprescindível levantar muitos recursos para tirar o maior número de judeus da Europa e mandá-los para o recém-fundado Estado de Israel. Sete anos após o fim da guerra, ainda havia desalojados. Muitos judeus que chegaram a perder suas cidadanias, enfim deixariam de ser apátridas. Há quatro anos já tinham o próprio país. Faltava chegar lá.

Mischka ficara surpreso com a naturalidade com que a jovem defendia o tema. E mais impressionado como as pessoas se rendiam aos seus argumentos. Alice era uma vendedora nata. "Uma vendedora de ideias"— ele dizia. Mischka se orgulhava da sobrinha-neta, a filha que não teve. "Se Alice pode convencer com ideias — pensava — poderia também ser uma boa administradora. Minha herdeira."

Para o evento daquela noite, em especial, o tio enxergava além. Aos 16 anos, Alice não era só um ativo importante para persuadir os porventura ainda hesitantes. Mischka via a possibilidade de a jovem conhecer um bom partido na festa. E não perdeu tempo em providenciar um elegante vestido longo para ela. A avó Beile o ajustou. E também lhe deu de presente o único par de brincos de brilhantes que trouxera camuflado na fuga de Berlim.

O tio só não imaginou que Alice acabaria conquistando o rapaz mais cobiçado da festa.

25

Alice, ao lado de outros jovens ativistas, recebia os convidados no *foyer* da mansão, toda iluminada. No salão principal, um quarteto de cordas tocava músicas suaves, enquanto o champanhe era servido aos convidados. A noite era dedicada à conscientização da necessidade de levantar fundos para a sobrevivência tanto dos refugiados como para o novo Estado de Israel.

Alice não se deslumbrava com a magnitude do lugar nem com toda a pompa da mansão. Estava concentrada em alcançar a meta de doações que tinha estabelecido. E nesse caminho, de convidado em convidado, ela se aproximou de tio Mischka, que conversava com os Levy, a ponto de escutar o fim da conversa.

— São milhares de judeus refugiados pós-guerra. — Mischka falava. — E deslocados, continuam a marcar a paisagem europeia aguardando uma oportunidade para recomeçar a vida em um lugar seguro. As fronteiras estão fechadas para eles. Uma tragédia!

— Uma tragédia mesmo. Nós somos afortunados, chegamos a tempo de construir uma vida. Já são três gerações dos Levy aqui na América.

Mischka interrompeu para apresentar a sobrinha.

— Essa é minha sobrinha Alice, que está aqui como voluntária, arrecadando fundos, falando justamente desse tema.

Depois de uma troca de cumprimentos, Alice delicadamente acrescentou.

— Mesmo nós que estamos aqui longe do perigo e de tudo o que aconteceu na Europa, não podemos nos esquecer de que, em algum momento, alguém de nossa família fugiu do horror, da fome e da miséria, e veio se refugiar na América.

Alice falava com empenho, com amor. E completou, buscando empatia. — O primeiro Levy que chegou aqui passou por muita provação, não?

A senhora Levy balançou a cabeça em concordância.

A forma apaixonada de Alice trazia lembranças para os Levy de suas histórias de família ainda na Europa, dos pogroms. Era bonito ver o ímpeto daquela moça. Tão nova e já comprometida, diferente das jovens da geração já nascida nos Estados Unidos, que não se importavam com o que não viam.

Mischka também tinha o que recordar e falou, emocionado.

— Meu irmão veio para cá no início da guerra. Minha sobrinha nasceu aqui. Por isso tenho muito orgulho do engajamento de Alice. Não podemos deixar isso acontecer de novo. Perdemos muitas pessoas. — disse Mischka.

— Muitas pessoas — Alice falou, baixinho. — Perdi meus avós paternos, tios e primos. Sequer os conheci. Cabe a nós construir em Israel um Estado forte, onde nada nem ninguém vai tornar a nos ameaçar. E para que isso não aconteça de novo, devemos proteger essa terra. É o nosso lugar, não importa onde estejamos.

O casal Levy ficou impressionado com a espontaneidade de Alice, e ainda mais com a entrega que, embora tão jovem, já apresentava.

O senhor Levy se comprometeu na hora com o maior donativo que jamais concedera até então, enquanto a senhora Levy corria os salões para achar Albert, seu único filho. Com quase 24 anos, envolvido predominantemente com amigas não judias, precisava conhecer Alice, para a mãe, a nora ideal.

26

O presidente da *Joint* subiu ao palco, pegou o microfone e fez sinal para que a orquestra parasse de tocar.

— Amigos, — pediu a atenção da plateia — nossos diretores, jovens ativistas, por favor, aproximem-se.

Alice, personificação da alegria, foi uma das primeiras a se posicionar. Com o donativo do senhor Levy, ela bateu longe a meta a que se propusera.

— Que noite linda, que prazer! Que alegria vê-los respondendo ao nosso chamado com tanto engajamento. Não vou aborrecê-los com discursos. A noite hoje é de celebração. E quero agradecer a cada um de vocês. Todos nós viemos, em algum momento, refugiados para essa terra, e disso não nos esquecemos. Dizendo PRESENTE hoje aqui, honramos o passado protegendo nossos irmãos na Europa e em Israel, que precisam de nós. Traduzimos valores judaicos em ação. Renovando nossa liderança com essa turma jovem magnífica aqui ao meu lado, asseguramos hoje um recorde de contribuições. Juntos somos mais fortes, juntos somos um! — finalizou o presidente da Fundação em tom alto e vibrante.

Os jovens começaram a aplaudir os convidados, que retribuíram, tocados pela emoção. Garçons rodavam o salão oferecendo champanhe. Com as taças erguidas, todos bradaram em uníssono: *Le Chaim*!

O presidente, entusiasmado, declarou aberta a pista de dança.

A senhora Levy chegou ao salão com o filho justo quando os jovens tomavam a pista, animados. Aborreceu-se por ter desperdiçado a oportunidade de apresentá-lo a Alice antes que a festa realmente começasse.

O filho parecia hipnotizado olhando para a pista, e ela tentava identificar quem seria o objeto de seu desejo. Quando Albert entregou à mãe o whisky que bebia e disse-lhe que ia dançar, ele mal ouviu-a dizer "divirta-se, meu filho".

A senhora Levy logo percebeu que suas preces haviam sido ouvidas e nem precisara intervir quando, uns poucos minutos depois, Alice e Albert começaram a dançar. Entusiasmada, tomou um gole do copo que o filho deixara e foi procurar o marido. O universo se incumbiria do resto.

Era a primeira vez que Alice dançava num salão tão sofisticado. A elegância de Albert, sete anos mais velho, sorriso enigmático e poucas palavras, contrastava com os garotos que conhecia. E ele estava nitidamente atraído pela moça do Brooklyn.

Pela primeira vez Albert se sentia tão à vontade ao lado de uma pessoa da qual nada sabia. Fascinado, com Alice nos braços, deixou-se levar pela música, sem falar.

Quando a música acabou, olharam-se profundamente.

— Você é uma excelente dançarina. A propósito, eu sou Albert Levy.

— Eu sou Alice Rozental Sadovik. É um prazer conhecê-lo. Você também é um excelente dançarino.

A orquestra voltou a tocar. Albert não hesitou.

— Então vamos mais uma?

Era como se a orquestra tocasse só para eles.

27

No dia seguinte, Albert a convidou para jantar e assistir à estreia de *Singing in the Rain*, no Radio City Music Hall.

Os pais de Alice estavam curiosos, queriam conhecer o rapaz que havia se encantado com a filha, embora Alice se mostrasse imperturbável. Mas seu ritmo controlado era apenas um disfarce para a onda de empolgação que a percorria, um momento delicioso e inédito.

Estavam todos em polvorosa. Albert pertencia a uma das principais famílias de Nova York. O encontro dos jovens parecia ser de toda a família. E a que estava menos preocupada era Alice. A avó cuidou do figurino, pois, no armário da neta nada havia que obedecesse ao *dress code* da casa de espetáculos. Quando Alice foi trabalhar, nem se preocupou em separar um traje para a noite.

Meia hora antes do horário marcado, Lia, surpreendentemente aflita, já tinha arrumado uma bandeja para oferecer um licor francês à visita. Alice chegou vinte minutos antes de Albert e encontrou sobre a cama o vestido e o chapéu deixados pela avó. Enquanto ela se arrumasse, os pais e os avós fariam sala para o rapaz.

Albert foi pontual. Mischka encarregou-se de apresentá-lo à família, que percebeu como ele se encantou ao ver Alice, que sorriu quando a avó lhe entregou as luvas com olhar cúmplice.

No carro, Albert apertou a mão da jovem, sem olhar para ela. Alice sentiu o coração acelerar. Que sensação boa o carinho suave em sua mão. Mesmo sem palavras.

Lia ficou só, na sala. Aguardaria a filha chegar. Abriu um livro sem, no entanto, se concentrar. Não parava de pensar em Alice. Que criança incrível, a sua menina! Foi independente mesmo quando sequer podia caminhar. Tio Mischka fazia questão de passear com ela todos os dias e ensinar-lhe a nova língua, que ele mesmo nem dominava. Levava-a ao parque, dizia o nome das plantas, dos bichos. Mostrava as cores. Alice aprendia rápido. E logo se tornou professora dos avós e dos pais.

Lia fechou os olhos, percebendo flashes do crescimento de Alice girando velozmente. A escolinha. As brincadeiras de vestir as bonecas com os retalhos da fábrica. A descoberta das letras e da escrita. Os passeios da família a Coney Island, nos fins de semana de verão.

Adorava nadar em Ravenhall, a maior piscina de água salgada da praia do Brooklyn. Gostava de ver quando a enchiam com água do mar. Ali aprendeu a nadar, como toda a garotada da época: empurrada por Sal, o salva-vidas de método pouco ortodoxo, que a incentivou. Ela acabou defendendo as cores da escola e garantindo medalhas.

Alice saíra hoje de um jeito diferente, e não era só a forma de se vestir. Alice se tornara mulher. Quem sabe, no caminho da descoberta do amor.

A chave na fechadura a despertou de seus pensamentos. Não se dera conta do tempo.

— Como foi a noite, filha? — Lia perguntou recostada na cabeceira da cama de Alice.-

— Foi maravilhosa, mãe! — Alice contou as novidades enquanto pendurava o vestido. Os olhos brilhantes não escondiam a impressão que Albert lhe causara. — É diferente de todos que já conheci. E é divertido, culto, tem conversa boa. Um cavalheiro, como diria tio Mischka.

Logo Alice descobriu que tinham em comum falar francês e amar música. Para os judeus, aprender música era parte do processo de alfabetização, independia do talento. Só que, na casa de Albert havia um Steinway de cauda na sala. Na de Alice, um piano de armário.

Durante todo o ano seguinte Albert e Alice saíram juntos, sendo comuns também os programas em família. Filmes, sinfônicas, jantares, peças teatrais, shows em clubes de jazz, Shabat na casa de Alice, jantares com os avós, praia, piscina. Alice administrava a nova vida social com a rotina atribulada da escola e da fábrica, que frequentava com assiduidade. Não era obstáculo a realidade tão distinta das famílias; estavam apaixonados, todos se davam bem. Tudo parecia perfeito.

28

Era fim de tarde quando Albert chegou à casa de Alice. As velas para o Shabat seriam acesas pouco antes do pôr do sol.

Albert incorporara o prazer da tradição judaica na casa de Alice. Percebera que se sentia bem participando daquela mesa cheia de simbolismos. Lá ele vivenciava um pouco da essência e dos costumes do que era ser judeu. Nos Levy, o Shabat só era observado esporadicamente, quando os pais recebiam celebridades às sextas-feiras. A mãe, preocupada com a louça e os cristais, organizava a noite como um grande evento. No fundo, era só mais um jantar de negócios.

Solomon chamou a família para a mesa. Avó Beile colocou o véu de renda, o mesmo que trouxera de Odessa, tantas décadas atrás. Aproximou os antigos castiçais e acendeu as velas brancas. Junto com Lia e Alice, as três gerações de mulheres cobriram os olhos com as mãos e recitaram a bênção que dava a sensação do poder maravilhoso de iluminar aquele lar e o mundo com as velas do Shabat.

Quando todos levantaram os cálices para a bênção do vinho, Solomon dirigiu-se a Albert:

— Será uma honra para nossa família que você faça o *kidush* essa noite.

Albert, pego de surpresa, olhou emocionado para Alice. Pegou o livro de rezas, levantou o cálice e pronunciou, pela segunda vez na vida, as palavras da santificação do vinho. A primeira havia sido aos 13 anos, por ocasião de seu Bar-Mitzvá. Naquele momento, Albert teve certeza de que o judaísmo era mesmo muito mais do que uma religião.

A avó Beile, Lia e Alice seguraram as duas *chalot* e pronunciaram a bênção do pão trançado. Cada conviva tirou um pedaço e desejaram-se um Shabat abençoado de paz. E o jantar foi servido.

Nessas ocasiões, a conversa fluía, animada. Compartilhavam as novidades da semana. Tio Mischka e Albert sempre tinham histórias curiosas para contar. Solomon se divertia.

Alice reparou que o Shabat tornara-se festivo. A família estava alegre. Recordou-se de como costumavam comer calados. *Até* a tristeza que sempre habitara os olhos do pai se atenuara. Ele não superara a morte dos pais e irmãos. Culpava-se por não ter insistido em fazê-los fugir de Berlim. Não eram raras as vezes em que ainda tinha pesadelos. Carregava uma culpa velada por ter sobrevivido. As noites de Shabat pareciam lembrá-lo de que ele não podia ser alegre.

Albert trouxe de volta para a família o prazer, a felicidade, riso e frescor. Sua presença era sempre bem-vinda. E Alice se sentia cada vez mais envolvida. Albert já era nascido nos Estados Unidos, muitas gerações depois da privação das guerras. Era natural ser tão diferente dos Rozental Sadovik. Albert se sentia como um herdeiro do Mayflower. Alice era uma herdeira da guerra. Mesmo assim, tudo indicava que se entendiam bem.

— Querida, olha só o que nós vamos ver semana que vem — Albert despertou Alice de seus pensamentos.

Animado, entregou-lhe convites, que Alice mostrou à família.

— Show de Louis Armstrong? — tio Mischka exclamou, impressionado.

— E nossa mesa é bem perto do palco. Ele é uma lenda viva do jazz. Alice, querida, você vai adorar.

— Nossa! Colada no palco? Minha sobrinha é uma menina de sorte. Isso deve ter custado os olhos da cara! — tio Mischka não se constrangia com os comentários.

Alice, embaraçada, arregalou os olhos para Albert, que achou graça. Mischka era autêntico, qualidade que o rapaz muito apreciava, não acostumado a ver essa característica entre os seus.

— O que é isso, Mischka? Para Alice, só o melhor lugar. — Comentou, orgulhoso de poder proporcionar à namorada um programa especial.

Solomon, por sua vez, não teceu comentários, sem deixar de pensar, no entanto, que o ingresso valia uma semana de salário na universidade. O fato de Albert ser um bom rapaz, como tudo indicava, era o principal, além de poder oferecer à filha um mundo de merecidas oportunidades.

— Aliás, vocês sabiam que Louis Armstrong sempre carregou uma estrela de David no peito? E isso é fato, uma Maguen David. — tio Mischka afirmou, envaidecido em compartir uma notícia que julgava uma novidade.

— É mesmo? — Albert, educadamente, mostrou-se interessado, vendo que Alice trocava olhares com Beile, que conhecia a história, contada pela enésima vez.

Beile balançou a cabeça em condescendência. Sabia que contar histórias fazia bem ao cunhado.

— Conta logo, Mischka. — Beile falou.

Mischka se ajeitou na cadeira. E começou o relato.

— Os Karnofsky eram refugiados judeus russos. Moravam em Nova Orleans, mesma cidade de Armstrong. Menino pobre, desde seus sete anos começou a trabalhar acompanhando os dois filhos da família na carroça. Faziam ronda diária coletando lixo. Reuniam garrafas, objetos descartados, que depois vendiam ou trocavam por mercadorias mais lucrativas nos bairros pobres. Louis tocava uma corneta de lata para atrair a clientela. Na volta, o menino se sentava com a família para comer. A pobreza era grande. A comida judaica era diferente, e, pelo jeito, Louis a apreciava, pois saía sempre muito satisfeito e feliz.

— Mal posso imaginar Louis Armstrong comendo *guefilte fish* e *borscht*. — Beile se divertia.

— Ah! O bonito é que a família Karnofsky sempre acreditou no talento do pequeno Louis e o ajudou a comprar o primeiro trompete.

— Que história bonita, tio Mischka!

— Bonita sim. E Armstrong sempre usou a estrela de David no peito, seu escudo de proteção, em memória à família de coração. Sempre teve muito orgulho em contar esse fato. Quem sabe ele fala sobre isso no show? Porque isso é fato! — Mischka arrematou.

A família se divertia. O Shabat seguia leve, alegre.

— Ouvi uma outra muito interessante de Mr. Armstrong. Ele é um homem cheio de histórias. — Albert acrescentou. — Vocês sabem que há um mês ele se encontrou com Richard Nixon no aeroporto? Pois acreditam que o Nixon foi até Armstrong, pegou a maleta da mão dele quando estava descendo do avião e o conduziu para a entrada das autoridades? Armstrong riu muito depois, porque, acompanhando o vice-presidente, não passou pela alfândega.... — ele deixou a resposta no ar, mantendo o mistério para que alguém perguntasse.

— E aí, o que aconteceu? — Mischka quis saber.

— O que ele tinha? Qual o problema de ele não ter passado na alfândega? — Alice perguntou.

Albert viu os olhos curiosos da jovem.

— Ah, aí é que está. Mr. Armstrong tem um pequeno vício curioso, meio duvidoso, de uma droga que carrega na mala de mão.

— Esse Armstrong é viciado? *Oy Vey*! — Beile exclamou, horrorizada.

Alice, Lia, Solomon e Moishe riram.

— Pois passando as maletas sem revista, Nixon acabou autorizando o contrabando da maconha, sem saber que estava sendo cúmplice. Imaginaram a cena? — Albert contou, rindo. — E isso também é fato, Mischka!

Solomon riu. Alice notou a alegria do pai.

Lia percebeu que Alice passou a olhar Albert de outra forma. Torcia para que a filha se apaixonasse.

29

Durante aquele ano, Alice e Albert se viram quase todos os dias. Por isso não foi surpresa quando ele fez um convite à família de Alice em nome dos pais. Solomon e Lia nada comentaram, nem os avós, e muito menos o tio. Sabiam no que poderia resultar o convite.

Mischka, com mais traquejo social do que o irmão e ciente de que era de bom tom levar um presente elegante para a dona da casa, foi até o Upper East Side. Não era em qualquer lugar que encontraria os brownies que gostaria de oferecer.

Pegou o metrô. Embora a loja não ficasse em um bairro muito familiar, era próxima do Museu Metropolitan de Arte, que costumava frequentar. Saiu na estação da rua 77 com a Lexington e caminhou até a Madison, apreciando as redondezas. As mansões, casas e lojas estilosas, portões de ferro ricamente ornamentados e janelas de cristal — algumas até com Lalique – eram uma realidade diferente da que viviam no Brooklyn. Os passantes muito bem-vestidos, e até os cachorros pareciam chiques com suas coleiras brilhantes.

Avistou um sofisticado ateliê de noivas. Seria um sinal? Balançou, feliz, a cabeça, sorriso desabrochado no rosto. Não havia dúvida de que a noite do jantar na casa dos Levy seria para firmar o compromisso de casamento de Alice e Albert. Sim, a ocasião merecia algo muito especial.

Ao avistar o requintado logo vermelho da loja de doces, já lhe veio água na boca. Pediu a maior caixa de brownies. Recebeu uma elegante sacola contendo a tradicional lata com um logotipo onde se lia William Greenberg Desserts. Caminhou de volta à estação do metrô, orgulhoso de ter feito a escolha certa. Certamente a família Levy ficaria impressionada.

Ao chegar em casa, Beile o interpelou.

— Mischka, não acredito! Você atravessou a ponte e cruzou a cidade para comprar uma lata de biscoitos para dar para a senhora Levy? — Beile estava inconformada. — Uma lata de biscoitos? — repetiu. — Eu poderia fazer um strudel com creme fresco batido, muito melhor!

— Isto não é qualquer biscoito, Beile. São brownies! O brownie que vem nesta lata vermelha, minha querida, é o melhor que o dinheiro pode comprar. É Wiliam Greenberg, muito chique. Além do que, é *kosher*! — Mischka exclamou.

Alice, que acabara de entrar, achou graça. "*Kosher*, os Levy?" — pensou, sem tecer nenhum comentário. As famílias estavam felizes.

30

No dia do jantar na casa dos Levy, para Alice, o ponto alto era a chegada do carteiro. E finalmente ele chegou com o envelope que ela, inquieta, levou ao escritório do pai.

— Chegou. Quero abrir com você.

O pai lhe beijou a fronte, segurou-a firmemente pelos braços e disse.

— Minha filha, você já é uma vencedora. Abra o envelope.

Olhos fixos no pai, Alice leu a carta, linha a linha. Soltou um grito de vitória, olhos marejados.

Ao ver seu rosto iluminado, Solomon derramou lágrimas que não tinha como controlar. Por mérito próprio, Alice era caloura da prestigiosa Universidade de Nova York, instituição que o recebera como professor havia pouco mais de uma década.

Alice imediatamente telefonou para a mãe, depois para a fábrica para compartilhar a notícia com os avós e o tio. Logo em seguida ligou para Albert. A noite seria de grandes comemorações.

Solomon envolveu Alice em um demorado abraço e selaram a cumplicidade e o orgulho do pai pela filha. Lembrou-se das inúmeras noites que Alice, ainda criança, passou com ele no quartinho de casa cercado de livros enquanto devorava literatura inglesa. Precisava estar com o Inglês tinindo para se candidatar a uma universidade — quando a hora chegasse — para assumir a cadeira de professor de Literatura Alemã. A filha sabia que ele tinha por lema não fazer menos do que o máximo. Lembrou-se com ternura de como Alice sempre trazia palavras "difíceis" como desafio para que ele esmerasse seu vocabulário. Fazia-lhe companhia nas noites regadas a xícaras de chá. A filha já era grande antes de crescer. E generosa. Agora, olhava para Alice, que sem sombra de dúvida, retribuiria à altura a oportunidade que recebia da NYU sendo aceita como bolsista. E Albert que tivesse certeza de que tinha ao lado uma joia rara.

31

A casa dos Levy se enfeitava para receber os Rozental Sadovik. Enquanto arrumava a prataria, a senhora Levy se vangloriou de ter tido visão de aproximar Albert a Alice naquela noite no museu. Era realmente a nora perfeita e, agora, caloura na NYU. Pediu aos copeiros que providenciassem champanhe da melhor safra para o brinde.

Alice chegou com os pais, avós e tio que ficaram impressionados com a mansão. Mischka, radiante, entregou a lata do biscoito à senhora Levy, com uma certa reverência.

— Oh, muito obrigada, senhor Rozental, são os nossos prediletos, não é mesmo, meu bem? — ela falou voltando-se para o marido. — Adoramos os brownies de lá, são os melhores da cidade. Os Greenberg são nossos amigos.

Mischka não se conteve, deu uma olhada em Beile com um sorriso que não disfarçava o orgulho de ter feito a escolha adequada. Beile se aproximou discretamente e cochichou em seu ouvido "olha lá, ela só está sendo educada" enquanto a anfitriã passava a lata para o mordomo.

Alice não era de família rica, não cultivava hábitos requintados. Mas vinha de uma elite culta, aspecto muito valorizado pelos Levy e nas rodas que frequentavam.

A mãe de Albert acomodava os convidados na sala de estar, enquanto o pai oferecia taças de champanhe e propunha um brinde à Alice. "*Le Chaim*, rumo à formatura!"

Sem sequer dar tempo da resposta, Albert, repentinamente, se ajoelhou diante de Alice. Olhando amorosa e profundamente em seus olhos, abriu uma caixa forrada de veludo, onde estava um anel de brilhantes. Alice achou a cena ridícula, mas assim era Albert. Um dia a levava para ver Louis Armstrong, no outro se comportava como o mais tradicional dos americanos. Albert sendo Albert. Tudo lhe era permitido. Alice ofereceu a mão para receber o anel.

— Mazal Tov! — tio Mischka falou alto, levantando sua taça com tanto vigor que quase espirrou champanhe na senhora Levy. Todos se abraçaram. Beile, vendo Albert colocar o deslumbrante anel no dedo da neta, trocou um olhar com Lia. Lembrou-se da máquina de costura e do livro que trouxeram, das suas poucas joias, em nada parecidas com o anel. O que valia eram as qualidades de Albert, íntegro, carinhoso, que amava e respeitava sua Alice. Ele a incentivava a estudar, a seguir os passos dos pais. E Beile pensou: "Dinheiro podemos perder, educação ninguém nos tira".

A mãe de Albert já tinha planos para o grande dia. Sonhava com um casamento majestoso para seu único herdeiro. Já imaginara a nata da sociedade americana enchendo a sinagoga e os salões da festa. Discorreu detalhes de quem já havia planejado tudo havia muito. A família de Alice só ouvia, nada falava. Aquele era um mundo diferente do que conheciam.

— O que você acha, Alice querida? — a senhora Levy não continha a empolgação.

Feliz, Alice respondeu, afetuosamente, que haveria bastante tempo para pensarem no grande dia. Contava com o bom gosto da sogra para a celebração, dali a um ou dois anos. Albert, imediatamente, concordou, abraçando-a em seguida.

Nesse momento, sem deixar margem para mais delírios da mulher, como que em sintonia com a família de Alice, o senhor Levy convidou para o jantar, que já estava servido.

32

Agosto de 2010

Maya convidou Alice para caminharem pelo convés. O mar estava tranquilo, e a temperatura amena.

— Fiquei pensando sobre o pedido de casamento que Albert lhe fez. Como você resolveu a relação com a senhora Levy? Pelo visto, ela era muito eficiente, não? Já tinha pensado em tudo.

— Minha sogra era muito intensa. Uma pessoa boníssima, que vivia num mundo próprio. Era muito preocupada com a opinião alheia. Seguia rigorosamente o consenso da "alta sociedade", assim, entre aspas — mostrou com os dedos. — Não arriscava uma opinião contrária, e estava sempre em busca de aprovação. Nós nos dávamos bem, eu gostava muito dela. E ela de mim. No que não fazia diferença, eu lhe dava plenos poderes. E ela ficava exultante. Albert e eu nos casamos um ano depois. A festa foi a coroação dos seus sonhos de mãe. Ela decidiu quase tudo. Não me envolvi muito, tinha outras prioridades: a faculdade, o trabalho na *Joint*, a fábrica. Organizar essa festa foi a razão de viver dela. Por que eu a impediria se lhe dava tanto prazer?

— Me conte do casamento! — Maya estava curiosa.

Alice estava descontraída, parecia distrair-se com a lembrança.

— Você viu as fotos da cerimônia da Grace Kelly? Ela deve ter se inspirado no meu casamento, que aconteceu dois anos antes.

Maya ficou surpresa. Era a primeira vez que via esse lado tão espirituoso de Alice.

— Mas não abri mão de meu vestido ser feito pela minha avó Beile. Ela realmente era uma artista! Ah, e usei na cerimônia religiosa o véu com que minha mãe se casou em Berlim. Sabe? Foi o casamento mais lindo que Nova York já viu! Minha sogra era a mais feliz de todos. O PIB dos Estados Unidos – e até de alguns países da Europa – esteve presente. Teve violinos, coral, orquestra completa e tudo! Foi uma festa de sonho. Quase três anos depois ganhei a maior riqueza: minha filha Annya. — Os olhos de Alice brilharam. — A felicidade durou muito pouco. 16 anos. Só 16 anos. Não existe sorte para tudo na vida, não é mesmo?

Maya guardou um silêncio respeitoso. Não havia o que dizer.

33

Annya veio ao mundo em 14 de maio de 1956, uma segunda-feira de um ano bissexto. Não houve sequer polêmica para a escolha do nome. Annya, "presente de Deus", origem russo-judaica, honrava os antepassados dos Levy e dos Rozental Sadovik igualmente.

A sogra de Alice encantou-se pela neta no instante em que a viu, embora ansiasse mesmo por um herdeiro varão. Já havia selecionado duas babás especializadas após entrevistar dezenas. A senhora Levy não continha a euforia. Dava como certo que Annya cresceria ao seu lado.

Para decepção e contrariedade da sogra, Alice recusou a ajuda. Ela se formou no ano seguinte ao nascimento da filha. Passou a ajudar o tio na revitalização da fábrica, negócio que ele começara quase meio século antes. A confecção contava já com sessenta empregados.

De forma carinhosa e firme, ela declarou sua intenção à sogra. Annya seria criada como ela, na fábrica, junto de suas raízes. Com o pé no chão, e não em uma redoma.

Todas as manhãs, Alice atravessava a ponte para o Brooklyn de carro com a filha. O caminho para a fábrica era, a princípio, repleto de cantorias, que a menina compartilhava animadamente.

À medida que ela crescia, as travessias eram mais silenciosas. Alice estava envolta nos problemas da fábrica, e Annya ia brincando, sentada no banco de trás.

Annya cresceu como Alice, cercada de máquinas de costura e afeto dos bisavós e dos operários, negros, porto-riquenhos e uns poucos imigrantes russos.

Tio Mischka construiu uma relação com a pequena, só que mais profunda do que foi com Alice. Mischka tinha tempo de sobra para Annya. Passeava com ela todos os dias. Levava-a ao jardim, aos parques. Sempre de mãos dadas com a sobrinha-bisneta, Mischka mostrava as plantas, fazia vozes da natureza, da chuva, do vento. Juntos sentiam o cheiro das flores. Observavam o voo das folhas que o vento espalhava. Agachavam-se para ver o percurso das formigas e a textura das pedras e dos troncos das árvores. A curiosidade e a imaginação aguçadas. Mischka se encarregava de fazer com que o senso de descoberta se ampliasse.

Rolavam juntos na grama. A menina ria muito. Passeavam pelas ruas, subiam as ladeiras. Mischka apontava as casas bonitas, os portões de ferro, os canteiros de flores. Mostrava os cães, os gatos, os pássaros voando. E as cores dos pássaros. Annya aprendeu o nome das cores nos bichos, nas pedras, nas areias e nas flores. Sentavam no degrau da entrada da casa ou da fábrica e ficavam conversando. E assim, aos poucos, Annya ia falando, ia manifestando seus sentimentos, algo difícil para a menina, o que Mischka percebeu. O que Annya tinha de fechada compensava sendo inteligente e curiosa. E o que Mischka lhe dava não tinha preço: tempo e atenção. Contava histórias, brincavam com os retalhos, construíam espantalhos. Em casa, faziam barulho com as panelas. Ele instigava Annya a descobrir o seu próprio mundo.

Desde pequena Annya teve sede de conhecimento. Interessava-se por livros, histórias, tudo ao redor. Foi matriculada no jardim de infância da Comunidade Judaica do Brooklyn. Depois da escola, ficava na fábrica, junto da mãe e dos bisavós. A maior parte das vezes ia passear com tio Mischka, o que de longe era o seu programa preferido. No final da tarde mãe e filha saíam para chegar em casa antes do sol se pôr. Alice, que recusara empregados domésticos, ainda voltava para a segunda parte da sua jornada. Dava banho na filha e se ocupava com o jantar. Juntas arrumavam a mesa para esperar Albert.

Era o momento sagrado dos três, hora da conversa, hora da família. Annya pouco falava; agradava diariamente o pai, levando-lhe um presente feito na escola ou na fábrica.

A mãe de Albert gostava de Alice. No entanto, se incomodava com a maneira como a nora educava a neta. E, mais ainda, a forma modesta como levava a vida. Secretamente reclamava com o filho. Às vezes, tentava intervir falando diretamente com a nora.

"Alice, nós somos de uma família rica, você pode ter empregados, não precisa se desgastar desta forma"! — a sogra insistia. No fundo, não admitia o filho abrir mão das mordomias de sempre. E que a neta não tivesse uma educação compatível com o que julgava ser o correto para o padrão deles. Lamentava-se também de conviver tão pouco com a menina. Não era assim que planejara sua vida de avó.

Conciliadora, Alice sugeriu que as tardes de sábado de Annya fossem exclusivas dos avós paternos.

Por algum tempo a sugestão de Alice aliviou a tensão com a sogra. A senhora Levy passava a semana toda imaginando novidades para Annya. Convidava amigas com netos para encontros na mansão, contratava teatrinhos, bandinhas de música, animadores. As possibilidades eram infinitas. Não tardou para receber o reconhecimento de seus pares como "avó do ano", o que muito a envaideceu.

O que Annya realmente apreciava era de pegar a mão do avô Levy e levá-lo em direção ao enorme jardim gramado da mansão, com canteiros floridos, laguinho com peixes, cheio de possibilidades de descobertas. O avô não entendia como Annya se divertia com atividades tão simples quando existia para ela uma festa cheia de novidades com crianças que brincavam radiantes. A festa acabava sendo para os outros. A neta não precisava de nada daquilo.

Bem que o avô tentava fazê-la estar com outras crianças, tendo de aceitar que Annya preferia ensinar a ele o que aprendia com o tio Mischka.

E Annya era cheia de surpresas. Nem no dia em que a avó contratou pôneis para as crianças montarem no gramado — o que causou furor e animação na garotada —, Annya se empolgou. Continuou criando fantasias com folhas e flores caídas. Ficou exultante ao encontrar uma flor igual àquela que tinha no parque aonde sempre ia com tio Mischka. Avô Levy se surpreendeu ao perceber que a menina dizia o nome da flor em ídiche. "Que criança diferente essa minha neta", pensou.

Nesse sábado, avô e neta voltaram ao salão já à noitinha, no momento em que fogos de artifício espocaram no céu para marcar o encerramento. Annya levava, orgulhosa, um pequeno buquê de flores e plantas recolhidas do chão. Avó Levy desfrutava do final da festa, realizada, quando a neta foi ao seu encontro, com os braços estendidos. Entregou o presente como forma de agradecer por aquela tarde deliciosa. Annya não viu na avó o entusiasmo que esperava. "Um punhadinho de lixo do chão fascinou mais minha neta do que essa fantástica tarde que eu lhe proporcionei". A avó, decepcionada, deu por encerrados os sábados festivos na mansão.

Albert, ocupado no comando da joalheria da família, apoiava todas as decisões de Alice. O casal combinou que a filha, aos seis anos, passaria da escola do Brooklyn para a mais renomada escola particular do Upper East Side de Manhattan, onde a elite nova-iorquina estudava. Onde ele estudara. Receberia a educação de uma americana legítima, herdeira de um império. Era só uma questão de tempo.

34

Agosto de 2010

Era a última noite da travessia do Atlântico. Deixavam Nova York rumo ao velho continente. A cerimônia inaugural do projeto Bússola aconteceria no dia seguinte, na chegada à Grã-Bretanha. O destino era o Memorial *Kindertransport* na estação ferroviária da rua Liverpool, em Londres, porta de entrada das crianças refugiadas na missão de resgate de mesmo nome.

Seria a primeira vez que alguns dos *Kinder*, agora participantes do Bússola, dariam seu testemunho. Falariam sobre a experiência pessoal, quase sempre carregada de marcas e traumas. Embora tivessem sobrevivido, poucos chegaram a se reunir com seus pais no final da guerra.

Nos nove meses que antecederam a eclosão da 2ª Guerra Mundial, na iminência de um futuro tenebroso que logo viria a se confirmar, um esforço unificado embarcou dez mil crianças judias e não arianas sozinhas em trens da Alemanha, Áustria, Polônia e Tchecoslováquia para a segurança na Inglaterra, país que se destacou nas missões humanitárias. Foram embarcadas em navios no Cabo da

Holanda, que chegavam ao porto de Harwich, de onde seguiam de trem para a Estação da Rua Liverpool, em Londres.

O objetivo do Bússola era jogar luz aos milagres da vida, por mais dolorosos que tivessem sido. Aquelas crianças estavam vivas, e com experiências para compartilhar. Histórias que deveriam ser eternizadas. Esse era o propósito do projeto, que nessa última noite, reuniu os participantes para rememorarem esses eventos.

Maya e Gianni estavam a postos.

O auditório fez-se escuro, e a imagem do Memorial *Kindertransport* de Londres apareceu magnificada no telão. Imediatamente, um silêncio respeitoso tomou conta do lugar. Aquele não era um monumento qualquer. Retratava um momento doloroso da vida de muitos deles, eternizada em bronze, crianças em tamanho natural. O passado voltava como uma baforada de vento forte.

Um feixe de luz iluminou Alice. Uma música suave invadiu o ambiente.

— Boa noite a todos. Podemos considerar esses sete dias cruzando o Atlântico um rito de passagem. Estamos nos aproximando de Southampton. De lá, iremos a Londres, estação ferroviária da rua Liverpool, onde alguns de vocês desembarcaram há 71 anos. — Alice apontou para a imagem da escultura do memorial refletida no telão. — Frank Meisler, um dos *Kindertransports*, construiu com a alma essa escultura de bronze. Posso perceber que a memória dos que passaram por lá foi ativada. Vocês, Kindertransports, escaparam da violência e da perseguição, porém não de dolorosas separações. Sabemos que a integração com a sociedade inglesa nem sempre aconteceu da melhor maneira. Na verdade, cada um de nós, *Kinder* ou não, sofreu de forma singular a dor da perda e do distanciamento. Estamos reunidos aqui no projeto Bússola para compartilhar os relatos vividos de resgate, sem, no entanto, esquecer os de ruptura, perda e arrependimento. Deixar registrada a nossa História eternamente, e para muitos, fazer as pazes com o passado. Esse é o caminho que queremos trilhar nesse projeto. A trajetória de cada um de vocês toca a cada um de nós, profundamente.

Alice silenciou. Lembrou-se da própria história.

Na penumbra do salão, ouviram-se uma cadeira sendo arrastada e uma voz, ao fundo.

— Eu acho que já é hora de eu tirar esse peso do peito. Minha filha vai saber da minha história junto com vocês. Alice, posso usar o microfone? Dessa vez minha voz vai sair!

35

As luzes do salão foram acesas, e os olhares se voltaram para o fundo. Ava Schwartz, uma *Kinder* que tinha se levantado, aprumou o corpo, beijou o rosto da filha que a acompanhava, e, firme, caminhou lentamente para perto do telão.

Alice fez menção de puxar uma cadeira. Ava agradeceu, preferiu ficar em pé. Estava determinada a vencer o obstáculo que a detivera por toda a vida. Alice entregou-lhe o microfone e se sentou junto à Maya.

Ava apontou para a tela e contemplou a imagem, em silêncio, por alguns segundos. Uma jovem, duas meninas e dois meninos. Malas na mão, violino no chão, boneca no colo.

— Consigo sentir os corações acelerados dentro dessas estátuas de bronze. Aqui estou outra vez, vivendo uma mistura de sentimentos. Sou grata por estar viva, certamente, apesar da dor incomensurável que o tempo não minimizou. Há 71 anos desembarquei nessa estação e, para mim, o Reino Unido passou a ser sinônimo de casa. Pode ser que Frank tenha se lembrado de mim quando idealizou essa escultura. Ele cuidou de mim durante a viagem. Eu era pequena, ele mais velho. Foi muito especial para mim. Carinhoso. — Ava reviveu a cena, respiração descompensada. — Eu não saía da janela do trem. Ele acabou me convencendo a me sentar ao seu lado. Acho que ele entendeu melhor do que eu o que acontecia.

Ava calou-se. Olhou detidamente a imagem projetada. Balançou a cabeça, como que desistindo de guardar a história só para si. Enxugou uma lágrima que não conseguia controlar.

— Naquele tempo, eu me chamava Hannah. O dia da minha partida já tinha sido determinado. 21 de abril de 1939. Papai, mamãe e eu fomos de metrô para a estação de trem. Lembro bem. Meus pais, sentados à minha frente, não tiravam os olhos de mim. Papai, um grande piadista, fez suas graças de sempre, mas sem sucesso. Quando chegamos à estação havia uma multidão de pais e crianças, de todas as idades. Todos chorando! Papai e mamãe disfarçaram. Papai disse: "Mamãe e eu não podemos sair, mas você vai ter uma vida linda, *Hannele*! A Inglaterra é um país maravilhoso, Londres então... você vai adorar!"

Ava parou de falar. O silêncio era inquietante. Ouvia-se o barulho das ondas do mar se chocando contra a embarcação. A filha, visivelmente mexida, se levantou para ter com a mãe, receosa das consequências de tanta emoção. Ava fez um sinal para detê-la. Ela ainda tinha o que contar. E continuou.

— Aí o apito do trem soou para a despedida final. Mamãe e papai me abraçaram e me beijaram muito. — Ava respirou fundo como se lhe faltasse ar. — E eles me falaram no ouvido que eu devia olhar pela janela na primeira estação que o trem passasse. Eu obedeci. Fiquei de joelhos na poltrona, olhando pela janela aberta parcialmente, esperando o trem se aproximar da primeira estação.

Ava parecia viver a ansiedade daquele dia.

— Quando já se avistava a estação, lá estavam meus pais, me acenando muito rápido, como se as mãos fossem se soltar do braço.

Eu fiquei de pé no banco, me estiquei para tentar segurá-los. O trem, no entanto, só diminuiu a velocidade, não parou.

Ava calou-se outra vez.

— Essa foi a última vez que eu vi meus pais. Fiquei olhando pela janela a cada estação que passávamos, já não havia mais ninguém. Frank acabou me convencendo a sentar. Eu me lembro de ele ter dito:

"Seus pais têm razão, Hannah, a Inglaterra deve ser mesmo um país sensacional, e nós vamos adorar Londres!"

Depois do desembarque, eu nunca mais vi Frank, — falou, virando-se para olhar novamente a imagem no telão — E eu nunca mais vi meus pais. Entramos no trem crianças, e saímos adultos. A partir daí fomos responsáveis pelo nosso destino.

A filha de Ava correu para abraçar a mãe.

Um raio de pensamento atingiu Maya, que não parava de fazer anotações. "Do que é mais difícil fazer luto? Do que perdemos ou do que nunca tivemos?"

As narrativas se seguiram, e Maya se concentrou nelas. Eram muitos os *Kindertransports*. Muitas histórias. Tantas que eles não se lembravam com precisão. Sete décadas depois o relato era por vezes a memória inventada que faziam de suas existências violentamente interrompidas.

No final, Michael Rosen, mais um *kinder*, pediu a palavra para recitar um verso que havia escrito. Ao fundo uma música delicada. Com emoção, declamou.

"Há lacunas, há vazios na casa da minha vida

Há um rosto, nada mais, algo que se foi da minha vida

Ela estava aqui, ele estava lá, nos quartos da minha vida

Há um lugar para ambos nas palavras da minha vida."

Alice pensou em Annya, em Albert. Com certeza suas lembranças não eram nítidas. Não podia se permitir esquecer. Suas memórias seriam a imaginação daquilo que um dia foi real? Precisava falar de Annya. Precisava contar para Maya. Logo. Essa era a sua história. História que carregou por toda a vida em uma bolsa invisível.

36

Acomodadas em poltronas aconchegantes na varanda, Alice não falava para Maya, falava para si mesma.

— Não temo encarar a possibilidade de que talvez eu tenha cometido um erro. Ou até mesmo muitos erros, quem há de saber? — arrumava as ideias na cabeça ao sabor do vento. O céu cinzento dava uma coloração escura às águas agitadas do mar. Imersa em emoção, Alice se deixou levar pelas lembranças da filha. Era como se abrisse gavetas de onde saltava um mosaico de fotografias. A imagem de Annya estava viva, embora passados 38 anos desde que mãe e filha se viram pela última vez.

Maya, atenta, tomava notas com o gravador ligado.

Desde muito pequena, Annya foi o xodó do tio Mischka, o mais velho da família, e que mais tempo e dedicação lhe dispensou. E foi ele quem melhor a entendeu. Ele se sentia rejuvenescido pelo desafio constante da sobrinha-bisneta, que passara a questioná-lo. Mischka se reinventou. Não havia pergunta sem resposta. Havia perguntas com respostas difíceis.

Uma tarde, no parque, enquanto pensava em como responder à Annya o porquê de a água ser molhada, viram um cachorro cruzando com uma cadela. Alguém, de longe, gritou: "Olha só que cachorro danado, montando a cadelinha." Annya ficou parada, curiosa, observando a cena. Mischka nada disse, e nada fez. Aquilo era parte da natureza. Imaginou a pergunta que viria, surpreendendo-se com a explicação de Annya. "Eles estão fazendo um cachorrinho, tio Mischka. O papai também montou na mamãe, por isso ela vai ter um irmãozinho para mim". A explicação era tão simples, tão objetiva que deixou Mischka sem palavras. Conversaria com Alice. Annya teria visto "o pai montar na mãe?" Como assim?

37

Albert chegaria tarde em casa. Alice estava triste, a relação dos dois passava por uma fase difícil. Colocou Annya na cama, que logo adormeceu. Foi para o seu quarto, deitou, a cabeça rodando. Tentaria conversar com ele. Suspeitava de que o tal do jantar de negócios era um pretexto para chegar tarde, evitar conversa. Eles se amavam tanto, não podiam desistir um do outro.

Era madrugada quando Albert chegou, em silêncio. Alice despertou sentindo-o abraçá-la por trás. Era o jeito Albert de conversar. Sentiu a respiração dele em sua nuca, fez um carinho. Os corpos se entrelaçaram numa explosão de paixão. Albert tombou ao seu lado, corações acelerados, respiração ofegante.

Ouviram um ruído na porta. Era Annya, parada, calada. Desconcertados, não souberam precisar quanto tempo se passara, nem o quanto a menina havia presenciado. Albert não se lembrara de fechar a porta do quarto. Alice imediatamente se levantou para colocá-la de volta na cama. A menina não fez perguntas. E ela não adiantou explicações.

Dois meses depois, Alice recebeu, radiante, o resultado positivo do exame de gravidez. Seu sonho era de ter uma família grande, com muitos filhos. Já havia perdido um bebê depois de Annya, e tomou cuidados extras para levar a gravidez a termo. Mischka foi fundamental nesta fase de suporte à sobrinha-bisneta. Alice teria que ficar seis semanas em repouso absoluto, sem sair de casa.

Annya gostava da companhia do tio-bisavô. Era o único em quem confiava, com quem podia conversar de verdade. Annya percebia que os adultos tinham um jeito estranho de falar com crianças.

Quando Alice completou cinco meses de gravidez, a família respirou aliviada. Tudo daria certo. A obra de reforma do quarto vazio ao lado do de Annya começou para a chegada do novo herdeiro. A avó Levy torcia para que, desta vez, viesse um menino. Annya acabou não sendo a princesinha com que sonhara. De fato, os pais de Albert achavam Annya uma menina "diferente", e não tiveram sucesso em estabelecer uma relação com a única neta.

Annya sentiu muito quando percebeu que as atenções já estavam voltadas para o bebê. Sua garantia era tio Mischka; contava com ele para sempre.

Um dia Mischka foi buscá-la na escola e levou-a para um lanche gostoso feito por Bisa Beile, em vez de irem à fábrica primeiro. No caminho, Mischka contou que ela passaria uns dias com eles, que iriam se divertir. Alice estava internada, caíra da escada. Acabou perdendo o bebê, e coube a Mischka dar a notícia à menina.

Quando Annya voltou para casa, o futuro quarto do irmãozinho já havia sido desmontado. Ela nada perguntou aos pais.

Junto com a perda do bebê, veio a triste notícia de que Alice não poderia mais ter filhos. Apesar de toda a tristeza e frustração, ela não se esqueceu de que tinha Annya. Tocaria a vida em frente, sem lamúrias.

38

Alice subitamente interrompeu a narrativa. As histórias pareciam estar mexendo muito com ela. Haveria o momento certo para contar tudo. E não podia se esquecer: "Andar antes de correr, correr antes de voar, Alice."

Maya, do outro lado, pensava, impressionada, nas intimidades que Alice contara. Sentia uma ligação forte. Mas foi despertada quando Alice perguntou:

— Quer dar uma parada? Estou aqui falando há horas, sem interrupção. Não sei se está cansativo para você. — Alice levantou-se, alongando o pescoço, demonstrando tensão.

— Não, não, estou ótima. Podemos continuar. A não ser que você precise de um tempo — Maya estava impactada com a história.

— Não, estou bem. Desculpe-me por estar contando detalhes tão íntimos, que talvez não sejam adequados para um livro. De repente eu estou me abrindo. Revolver o passado mexe muito comigo.

— Pelo contrário, Alice. Estou adorando ouvir essa história e ver que se sente à vontade comigo. Juntas podemos resolver depois o que entra ou não no livro, está bem?

Maya percebia o quanto tinha vivido aquela senhora e imaginava o que teria acontecido com a sua filha. Mesmo curiosa, não apressou a narrativa.

As lembranças não obedeciam a uma ordem. As imagens e emoções surgiam, desordenadamente. Recordou-se de quando Annya completou três anos e ganhou do tio um globo terrestre gigante. O primeiro país que Mischka lhe apresentou foi a Rússia. Depois, a Alemanha. Mischka ensinava os caminhos que a família trilhou até chegar ao Brooklyn. De país em país, pequenas luzes se acendiam.

Mesmo tendo aprendido cedo o tamanho do mundo que poderia conquistar, Annya sempre foi de poucas palavras e muita observação. Aos quatro, sabia as capitais de muitos países. Tio Mischka sugeriu que ela fizesse um jogo com os pais, saber quem conhecia mais nomes de capitais. Tinha a sensação de que a menina talvez estivesse testemunhando discussões em casa. Annya deixou escapar que era culpada das brigas dos pais. A pequena se entusiasmou com a ideia da competição, pensou que talvez resolvesse a discórdia do casal. Por um tempo, as noites passaram a ser momentos de muito prazer para a família.

Embora orgulhoso do desenvolvimento da filha, Albert constantemente reclamava com Alice de seu círculo de amizades na escola do Brooklyn. Eram, essencialmente, crianças oriundas da classe operária. Albert também se incomodava com os colegas descendentes de judeus ortodoxos, sempre muito radicais. Ele, eventualmente, até se queixava do "excesso de tio Mischka" na vida da filha, povoando-a com cultura ídiche. Achava que a influência do velho imigrante russo não era benéfica. Seu desejo era criar Annya como uma americana integrada no mundo real americano. "Ela é uma menina rica, Alice, não tem necessidade disso!" — repetia com frequência. Já Alice queria que a filha entendesse que nem todo mundo nascia rico, nem com privilégios, por isso sua vontade de que estudasse na escola judaica do Brooklyn. E o trato seria mantido. Só após os seis anos Annya mudaria de escola.

— Sabe, Maya, eu falhei porque não me dei conta de que tanto no Brooklyn quanto no Upper East Side, Annya foi criada dentro de uma bolha, distinta uma da outra. Eu não queria criá-la como uma pessoa fútil, superficial, em uma redoma, como eu percebia a vida dos Levy. Errei ao não perceber que, no Brooklyn, ela também viveu em uma bolha, uma bolha judaica.

39

Tio Mischka tinha uma viagem marcada para Los Angeles, um encontro com um grupo de antigos amigos. Annya pediu logo seu presente de aniversário adiantado. Queria ir junto, viajar de avião. Andar sobre as nuvens, ver onde o céu acabava. E também conhecer a Disneylândia.

Mischka cortou o sonho da menina. A viagem ficaria para uma outra oportunidade. Os bonecos, Mickey e Minnie, ele traria.

Naquela quinta-feira, 1º de março de 1962 — Alice se lembrava com clareza — Annya despertou muito cedo. Queria passar na casa do tio para um beijo e pedir-lhe que tirasse uma foto pela janela, de cima das nuvens.

Enfrentaram um trânsito terrível por causa de um desfile em homenagem ao astronauta John Glenn. Quatro milhões de pessoas se aglomeravam para ver o primeiro americano que orbitou a Terra, disputando as ruas com o caminho traçado para o cortejo. Dos prédios, fitas coloridas celebravam a nova era das viagens espaciais. Alice mal avançou um metro de cada vez. Annya estava aflita para chegar à casa do tio. E o percurso de sempre pareceu durar uma eternidade.

Quando finalmente chegaram, ele já havia saído. Annya ficou muito desapontada. Alice lhe assegurou que o tio certamente teria ideia de tirar muitas fotos para mostrar como era lá de cima. E logo estaria de volta.

Na escola, todas as atividades do dia giravam em torno do astronauta, do foguete e do espaço. O primeiro dia de sol em semanas permitiu que as tarefas fossem no pátio, ao ar livre. Annya fez questão de contar a todos que o tio estava voando sobre as nuvens, no espaço. E era o voo número 1, o principal, a menina fantasiava, orgulhosa.

A rádio local descrevia o desfile. Pouco depois das dez da manhã, a narração foi interrompida com um sentido de urgência. Era um aviso importante. Um voo da American Airlines caíra logo após decolar do aeroporto de Idelwild, mais tarde batizado de JFK. O Boeing 707 de número 1 capotou e mergulhou de nariz na Baía da Jamaica. Aparentemente, não havia sobreviventes.

Tão logo tomou conhecimento do acidente, Alice, transtornada, mas buscando equilíbrio, foi buscar a filha. Como dar uma notícia destas para uma criança de menos de seis anos se ela mesma não processara o que tinha acontecido?

Teve de dizer a verdade à Annya, que nada perguntou, nada falou. Mãe e filha foram para casa. Assim que chegaram, a menina foi para a cama, tirou os sapatos e adormeceu.

No dia seguinte, pediu para ver o tio. Alice explicou que, como ele já havia partido, iria levá-la a um lugar onde só ela poderia vê-lo. Foram ao parque, onde Mischka lhe ensinou tudo o que sabia da natureza. "Seu tio está aqui. E vai viver aqui para sempre, entre as flores, as árvores, as pedras, as plantas, as cores. E aqui você poderá sempre conversar com ele".

Alice argumentou com Albert que, embora tivessem acertado transferir Annya para a escola particular no Upper East Side naquele ano, era melhor esperar, com o que Albert concordou. A resposta apaziguou o coração de Alice. Albert era sensível para entender o momento difícil para a filha, e Alice se sentiu mais próxima dele, confortada.

A sogra não escondeu a enorme frustração. O enxoval da neta para a escola nova já estava no armário: camisas de linho branco engomadas, saias xadrez pregueadas, gravatinhas e sapatos lustrosos. Como nas boas escolas tradicionais inglesas.

E assim se passaram seis anos, e só aos 12 Annya estreou o uniforme.

40

O primeiro dia de aula foi marcante. Alice estava pronta para levar Annya. Iriam com Albert. A expectativa era enorme.

O telefone tocou, um chamado da fábrica. Uma emergência cuja solução Alice tentou postergar, sem sucesso. Olhou inquieta para o marido, que fez sinal de que se incumbiria só, sem problema.

— Filha, você vai estar bem? — Alice falou, entristecida por não poder estar com ela naquele momento.

— Não se preocupe, mamãe, vai ser bom, só diferente. Não vou mais poder te encontrar na fábrica depois da aula. A gente se vê em casa. Volto caminhando.

Annya sabia que os rostos, tipos, cheiros, sabores e músicas seriam distintos. O uniforme revelava a formalidade da instituição. Era esperta e via que os pais, nos últimos anos, estavam se desentendendo por bobagens. Torcia para que a troca de escola tornasse a vida mais serena.

Annya cruzou o portão de mãos dadas com o pai, vestida com o uniforme que a avó Levy, orgulhosa, providenciara uma vez mais.

A diretora os recebeu. Annya se encaminhou para sua turma. Abriu a porta para um mundo diferente. Tímida, foi bem recebida pelos colegas, e os dias seguiram outro rumo.

Alice, por sua vez, já se convencera — talvez para aquietar sua alma — que a mudança de Annya poderia significar uma boa projeção de futuro para a filha. Teria chance de construir amizades com filhos de famílias ilustres, criar conexões especiais para sua vida adulta. Lembrou-se de que foi através desses relacionamentos que ela teve sucesso na *Joint*.

Os avós Levy viram um arco-íris de esperança. A única herdeira seria, finalmente, educada segundo os padrões da família.

Os avós Sadovik, silenciosamente, torciam para que a pequena se adaptasse às mudanças e vivesse a adolescência da melhor maneira possível. Ela passaria para uma outra realidade, certamente levando os valores que aprendera.

41

A nova escola foi um desafio para Annya, e ela não teve dificuldade para superá-lo. Tal como no desconforto das festas da avó Levy, encontrou uma saída para se adaptar. As regras eram tão diferentes, rígidas. Os professores falavam praticamente sozinhos, quase não havia participação dos alunos. Annya estranhou. No Brooklyn as crianças eram estimuladas a pensar e resolver problemas em ações coletivas, respeitado o tempo de cada uma. Na nova escola, a competição era o ponto alto. O que importava era "vencer" a qualquer custo. Annya logo assumiu, naturalmente, a liderança acadêmica da turma. Sua bagagem era genuína.

Tinha saudades da fábrica, de subir pela escada de incêndio do lado de fora do antigo prédio. De construir bonecos com os retalhos jogados pelo chão. Por outro lado, aquele mundo não existia mais. Os bisavós Beile e Moishe haviam morrido quatro anos depois de tio Mischka. Com a morte dele, Annya perdeu, aos seis anos, seu único interlocutor, parceiro de tantas descobertas.

A partir daí o bom comportamento da menina e os bons resultados na escola encobriram o vazio que Annya sentia. O que não mudou foi a proteção do silêncio dentro do quarto fechado para dar conta das angústias. Os pais nunca perceberam. Ela conseguia ser a filha maravilhosa, que não dava trabalho, o grande orgulho da família, ainda que agora diminuída e menos disponível para ela.

Solomon, pai de Alice, promovido a Diretor do Departamento de Letras na NYU, estava cada vez mais envolvido com a cátedra.

Lia, mãe de Alice, agora sócia de uma livraria francesa em Nova York, acabou descobrindo, para sua surpresa e alegria, escondido no cantinho de uma prateleira, o livro intitulado *Rien où poser sa tête — Nenhum lugar onde descansar —* de autoria de Françoise Frenkel, dona da *Maison du Livre,* onde trabalhara em Berlim. Não tivera mais notícias dela desde que fugiram para os Estados Unidos em 1935. Lia não conteve a emoção ao ler seu testemunho. Françoise resistiu até o final protegendo sua livraria e acabou sucumbindo à razão. Despediu-se de seus livros e fugiu no último trem que saiu de Berlim em 27 de agosto de 1939, em um grupo organizado pela Embaixada da França. Atravessou a fronteira para a Suíça, onde teve ajuda de amigos e se salvou dos nazistas. Entre 1943 e 1944, escreveu seu único livro, testemunho das circunstâncias de sua vida e exílio na França e Suíça. Foi publicado em 1945 pela Editora Verlag Jeheber, em Genebra, com uma pequena tiragem. Quis o destino que um exemplar fosse parar em suas mãos. Estimulada pelas lembranças de seu tempo com Françoise, Lia reeditou em Nova York, com enorme sucesso, as atividades culturais da livraria de Berlim.

Os pais de Albert continuavam em suas vidas douradas.

Albert, por sua vez, dividia seu tempo entre a direção da joalheria da família e as infindáveis reuniões no Clube dos Executivos, lugar exclusivo para homens, onde jantava quase todas as noites.

Alice, única herdeira da fábrica de Mischka, lutava para manter a estabilidade da confecção no complicado final da década de 1960. A cada dia chegava mais tarde em casa.

E assim, dos 12 aos 16 anos, Annya se destacou na escola, sem trazer preocupação para os pais.

E o tempo passou.

42

A transferência de Annya de escola trouxe muitas mudanças na casa. A perda do hábito do jantar em família era o que a jovem mais tinha sentido. Pouco a pouco se transformou em programa extraordinário, e com a televisão ligada.

As notícias sobre a guerra do Vietnã, o alistamento militar e a campanha presidencial eram assunto em todo canto. Albert mal emitia opinião, era Alice quem mais falava.

— As casas do Brooklyn cada dia mais se enchem de bandeiras americanas em memória aos soldados mortos em batalha. Por aqui não se encontram muitas, perceberam? Os pais estão aterrorizados, com medo dos filhos serem convocados. Fitas amarelas estão amarradas na maior parte das árvores, como suporte às tropas. Não entendo como ainda há famílias nacionalistas que têm orgulho dos filhos se alistarem espontaneamente. Servir à pátria! — Alice falava, irônica. — Atender ao chamado do Tio Sam? Os meninos embarcam para o inferno com a bênção dos pais? Não veem os números das baixas que aumentam a cada dia? Sorte dos que estão nas universidades, blindados da convocação. O pobre sempre pagando a conta! Nada muda!

Albert a interrompeu, tocando-a no braço e chamando a atenção para a TV. Walter Cronkite, o jornalista mais respeitado da TV americana, que acabara de voltar de uma viagem de investigação ao Vietnã, entrou no ar. Annya abaixou os talheres e prestou atenção. Albert se levantou e aumentou o volume.

"Parece agora, mais certo do que nunca, que a sangrenta experiência do Vietnã terminará em um impasse. E é cada vez mais claro para este repórter que a única saída racional será negociar, não como vencedores, mas como pessoas honradas que cumpriram sua promessa de defender a democracia e fizeram o melhor que puderam. Eu sou Walter Cronkite. Boa noite."

— Será que o Robbie vai voltar agora? — Alice falou em voz baixa, como que para si mesma.

— Será que ele vai voltar, mamãe? — Annya engrossou o coro.

Robbie era o irmão mais velho de Lilly, a melhor amiga de Annya na escola do Brooklyn. Oito anos mais velho, teve que se alistar na Marinha.

— Cronkite tem voz, embora a política toque em outra sintonia, Alice. A política tem muitos interesses. Essa guerra se arrasta há anos. Só nos resta aguardar. Com sorte, ele volta logo. — Albert, paciente, explicou.

Robbie não voltou. Três semanas depois, Annya estava na casa de Lilly quando os pais receberam a notícia. Robbie morrera em ação no Vietnã.

Dois oficiais fardados tocaram à porta e informaram à mãe. "Seu filho é um herói, morreu defendendo a democracia na linha de frente". O que tinha acontecido? Eles não sabiam, ou não contavam. Davam a data, três meses antes do comunicado à família. Isso significava que ele nunca leu as cartas da mãe. Nem as de Lilly. Nem as dela. Nem de ninguém. Robbie voara para uma terra estranha apenas para morrer. "Que guerra absurda é essa?" — Annya pensou. O rapaz era como um irmão. Lembrou que foi ele quem a ensinou a andar de bicicleta, aos três anos de idade.

Estava ao lado da amiga quando a família pendurou uma bandeira americana na janela, sinal de que aquela casa tinha perdido alguém para a guerra.

A partir desse dia, Annya começou a prestar atenção à sua volta. Não havia um único quarteirão no Brooklyn que não tivesse uma bandeira exposta. Já no bairro onde morava, elas eram raras.

43

1968 foi muito mais do que apenas um ano. A guerra não acabou. Annya estava com 12 anos, menina com corpo de mulher. Foi um tempo de sonhos e manifestações. Sustentou protestos juvenis contra a Guerra do Vietnã, movimentos hippies e amor livre. Os alistamentos e convocações não diminuíram. Corpos de soldados não paravam de chegar, envoltos nas patrióticas bandeiras americanas. Outros combatentes retornavam com sequelas irreparáveis. Um sem número de vidas desperdiçadas.

Famílias fugiam de carro para o Canadá, na escuridão da madrugada, levando seus filhos para escapar do recrutamento. O país, contrário à guerra, recebeu os desertores como imigrantes legítimos. No fim do pesadelo, foram mais de quarenta mil jovens acolhidos. O que mais se ouvia era "Eu me recuso a matar qualquer pessoa."

Protestos em oposição ao envolvimento dos Estados Unidos na guerra do Vietnã tomaram corpo e se disseminaram por todo o território pressionando os líderes a reconsiderarem seu compromisso.

— Sabe, Maya — Alice refletiu — os dias foram passando, e os jantares em família, que nós tanto prezávamos, ficaram cada vez mais raros. E, pior, muitas vezes acabavam em discussão. Não foram poucas as vezes que Annya preferiu comer no quarto, com a justificativa de que tinha muito que estudar.

Alice tentou agarrar no voo um pensamento que fugia.

— Albert... Albert era uma preocupação constante. As ausências por conta de reuniões no Clube dos Executivos cada vez mais frequentes, na mesma proporção dos bate-bocas em casa. — Alice parou de falar como se rememorando a cena.

O silêncio se tornou inquietante. Maya balançou a cabeça com gravidade, pensativa, já imaginando o que mais poderia ouvir.

— A situação piorou quando Albert começou a chegar cada vez mais tarde em casa, quase sempre alcoolizado. Não foram poucas as vezes que não voltou para dormir. E eu sequer percebia que me protegia ficando mais tempo na fábrica. Não me preocupava com Annya, que mantinha um excelente rendimento escolar, tinha bom comportamento. Sabia se cuidar. Muitas vezes ela dormia na casa de colegas da escola ou na casa de Lilly. Eu ficava tranquila com Annya. Eu não tinha a mais remota desconfiança — e muito menos Albert — de que ela começara a participar dos protestos nas ruas contra a guerra no Vietnã. Como pude ser tão cega?

44

Foi uma noite incomum para a rotina da casa. Albert, Alice e Annya chegaram cedo. Jantaram juntos, com a televisão desligada. Embora a essência da palavra "divórcio" sobrevoasse a casa, pela primeira vez em muito tempo o ambiente estava leve e a conversa amena.

Albert veio com a novidade.

— Meninas, consigo convites para a estreia de *Hair* na Broadway. Annya, acho que você vai adorar. Quem já viu disse que é imperdível. Posso sugerir uma trégua e fazermos um programa em família? Não saímos juntos há tanto tempo! E jantamos depois, que tal? Vou reservar um lugar especial para uma noite única com as minhas duas meninas.

— *Hair*? Você tem certeza, papai? — Annya, pega de surpresa, retrucou, feliz.

— Absoluta, filha! — Albert respondeu, olhando para Alice, que, imediatamente fez sinal de concordância.

Alice, desarmada, via ali, por um minuto, aquele Albert alegre, divertido que ela tanto amava. Seria um sinal de que ainda havia esperança para o casal? Era bom ver o lado leve do marido.

O musical foi um sucesso de plateia e crítica. Albert e Alice não se escandalizaram, ao contrário de muitos, que, indignados, chegaram a deixar a sala de espetáculo. Os produtores alcançaram o objetivo: impactar os frequentadores habituais com um texto ostensivo contra a guerra do Vietnã, a favor do uso de drogas e com exposição de nudez e sexualidade no palco. Além de uma linguagem obscena que arrematava o propósito.

Para Annya, no entanto, o espetáculo tinha um gostinho a mais. Os pais não sabiam que ela agora fazia parte de um grupo de teatro amador que se reunia no galpão de uma fábrica. Ali encontrou a escuta que lhe faltava em casa. Preferiu omitir por conta dos desentendimentos crescentes. Alice e Albert não lhe davam atenção. Com certeza acabariam reprovando a nova atividade. No grupo, tudo era permitido. E ela não estava disposta a abrir mão deste novo caminho que a fazia se sentir bem. Foi onde descobriu o amor e o sexo. Mergulhou de cabeça.

A euforia fazia-se notar no brilho dos olhos de Annya. Os pais sequer notaram como ficou hipnotizada enquanto assistia à peça. "Será que um dia eu vou estar aí em cima?" — ela sonhava.

No grupo de teatro, as aulas e os ensaios eram diários. Não havia divisão de classe, nem de gênero, muito menos de raça. Todos eram iguais. A máxima, repetida diariamente, servia para a vida de Annya em casa também: "Seja a pessoa que você dá conta de ser hoje, um dia de cada vez".

Ela preferiu protelar contar a novidade para os pais. Embora ainda prematura, a expectativa dos pais de que faculdade ou curso a aguardava ia de encontro à sua aspiração. Queria trilhar um caminho diferente. E, um dia de cada vez, o tempo passava, com as alegações de sempre: estudava na casa de alguma amiga, a escola era muito exigente. Nem pai nem mãe jamais questionaram.

Ao final do espetáculo, Annya aplaudiu de pé. E saiu cantarolando "Aquarius", a música-tema, que sabia de cor. Albert e Alice estavam felizes por verem a filha assim. Há muito não a percebiam tão solta, descontraída.

— Obrigada, papai, a noite foi maravilhosa.

— Pois é, um musical ousado!

— Não é só um musical, Albert. É a vida de tantas pessoas, a questão do Vietnã, tal como foi a vida do Robbie.

— Não sei como Lilly reagiria vendo essa história, concordo com a mamãe.

— Nós vamos ajudar a família do Robbie, Annya. Não vai faltar nada para eles. — Albert afirmou.

— Você acha que só doando dinheiro resolve tudo porque apazigua a sua consciência? E usar da influência real em uma hora crucial? Ação! Pessoas como as que você admira não fazem nada para proteger os menos favorecidos que têm que ocupar o lugar dos blindados. Esse filme eu já vi antes. Durante a guerra aconteceu o mesmo.

— A guerra da Europa é passado, Alice. Para que a Annya precisa ouvir isso? — Albert continuou falando para o vazio enquanto Alice já seguia adiante. Annya nada disse, caminhando lentamente, observando os pais.

No restaurante, o jantar foi de poucas palavras. Subitamente inapetentes, desconfortáveis, era como se a magia de Aquarius tivesse se esvaído no ar.

— Sabe, Maya, Albert e eu estávamos em uma situação péssima. Dormíamos em quartos separados, sem mencionar a palavra "divórcio". Imagine, naquela época, divórcio em uma família tradicional judia? Eu não conseguia perceber o que estava se perdendo. Talvez eu tivesse que ter olhado melhor o Albert, seu lado bom. Também tive os meus erros, me dedicava muito ao trabalho, sem dar atenção à minha filha. Bem, isso não adianta de nada agora. Não posso mudar o passado, só me resta viver o presente.

45

Em meio à crescente oposição à presença americana no Vietnã, protestos aconteciam em grande escala em Nova York, São Francisco e muitas outras cidades. Além disso, um grande número de festivais tomou conta do país com o uso desenfreado de drogas. Annya ia a muitos deles com os amigos do grupo do teatro, sem que os pais soubessem.

Naqueles tempos, Nova York estava suja e perigosa. Havia violência até mesmo no metrô. Assalto à mão armada era uma constante nas ruas da Broadway. Até a polícia agia de forma violenta. Alice temia pela integridade da filha, mesmo confiando em sua maturidade e bom senso.

O assassinato de Martin Luther King causou o aumento da brutalidade, sendo decretado o toque de recolher no estado de Nova York, cuja polícia passou a ter apoio da Guarda Nacional.

Havia notícia de que um grande protesto aconteceria no Central Park. Annya, com o pretexto de estudar, avisou aos pais que dormiria na casa de uma amiga.

Jovens queimavam fichas de recrutamento em meio a discursos e clamores pela paz. O povo pedia a retirada imediata das tropas do

Vietnã e cobrava do presidente Lyndon Johnson o cumprimento da promessa de negociar o fim do conflito.

O grupo de Annya estava próximo ao palanque quando o prefeito de Nova York e a viúva de Martin Luther King subiram ao palco. As palavras, fortes, reverberaram na emoção de todos, que aplaudiram freneticamente.

O que os jovens não sabiam é que, enquanto gritavam pela paz, os ataques norte-americanos se intensificavam nos arredores da cidade de Huê, ameaçada por forte pressão norte-vietnamita. Os vietnamitas estavam lutando uma guerra civil.

Em casa, sozinha, ouvindo de longe o ruído das ruas, Alice estava convicta de que o governo sabia que o bloco comunista no Vietnã era uma desculpa para se engajarem em uma guerra para dar lucro.

Lembrava-se da noite anterior de mais uma discussão com Albert, sempre simpático à guerra. Mesmo concordando com Alice, Annya evitou um embate com o pai. Decidiram encerrar a polêmica. Alice, agora, sentia vontade de dizer à filha que sim, bombas custavam uma fortuna e só se usavam uma única vez, palavras de Annya. E que ela tinha razão. Os jovens de uniforme corriam o risco de voltar para casa num saco preto — por nada. Annya não se conformava com a morte de Robbie. Nem Alice.

— Eu admirava muito a minha Annya e sua incrível capacidade de adaptação. Envolvida na minha vida sem perspectiva, não me dei conta de que Annya chegara aos 16 anos. 16 anos! E eu não sabia o que estava acontecendo com ela. É, sempre dissemos que ela era uma filha que não dava trabalho.

Alice levantou-se e foi para a amurada do convés. Parecia admirar a trilha de águas claras que se formara no mar. Maya não conseguia imaginar o que se passava na cabeça de Alice.

— O vento está frio. — Maya carinhosamente cobriu Alice com a *pashmina* que usava.

Alice segurou a mão de Maya em seu ombro e a acariciou. Reprimia a vontade de gritar ao mundo, contar à Maya, recitando seu mantra: "Andar antes de correr, correr antes de voar, Alice."

Já Maya experimentava uma sensação de proteção que começou a se repetir, sem que pudesse explicar. Ficaram assim, enlaçadas, por uns minutos.

Maya percebeu que ela também tinha muitas páginas em branco em sua existência.

46

Southampton ficara para trás. O destino agora era Lisboa, o maior e mais importante porto de saída, comum a refugiados de diversas nacionalidades na época da 2ª Guerra. Memórias de vidas excluídas eram deflagradas à medida que se aproximavam de Portugal. Tratava-se, enfim, de uma viagem de resgate e registro de histórias de sobrevivência.

No salão principal, diversos grupos de trabalho, com acompanhamento profissional multidisciplinar, emanavam uma energia que tinha um nome: gratidão. Por um português a quem muitos deviam a vida: Aristides de Sousa Mendes.

Lado a lado, dois enormes painéis de tela crua com molduras de madeira, suspensos por grossas correntes, exibiam o nome da Fundação Julius Klein e o rosto do filho Eli em óleo sobre tela, afixado no centro de cada um deles. Eli Klein era a razão de ser daquela fundação. Espaços vazios rodeavam a tela aguardando os inúmeros trabalhos que traduziam, em muitos casos, cenas vivas da memória e da história dos participantes.

Maya caminhava compenetrada entre as mesas, observando. Um mutirão silencioso concentrava-se na elaboração de projetos individuais. Mãos trabalhavam minuciosamente enquanto memórias permeavam o perfil da obra. Maya sentiu uma energia poderosa no ar.

Um painel seria doado à Fundação Sousa Mendes em Portugal. O outro seria entregue aos dirigentes da nova sede da Fundação Sousa Mendes em Nova York, que recém-recebera a certificação. Essa conquista só fora possível graças ao esforço dos filhos e netos de Aristides, dos refugiados beneficiados pelos vistos emitidos pelo próprio cônsul e dos apoiadores da causa, entre eles, a Fundação Julius Klein.

— As lembranças voltam por inteiro. — Gianni falou baixinho no ouvido de Maya, tocando em seu ombro. Surpreendida, ela o cumprimentou sem desviar o olhar das mesas.

— A expressão deles é tão intensa. Parece que as cenas estão tão vivas que eles podem descrever os cheiros da infância, e até os ruídos das casas. É como se a memória fosse o único paraíso de onde não podem ser expulsos. — Maya observou.

Gianni seguia Maya e a abastecia da história.

Maya tomava notas. Ouvia, atenta, contemplando os trabalhos, enquanto Gianni ora os fotografava, ora os filmava. A diversidade era infinita, sendo únicos o significado e o sentimento de cada um.

Havia partituras envelhecidas costuradas em pedaços de tela. Uma corda de violino flutuava no ar. Poesia bordada. Terra preta da terra natal em vidrinhos transparentes guardados por décadas. Areia das praias da infância em pequenos frascos. Lembranças de casa. Fragmentos de jornais de época e imagens da Ponte de Pedra sobre o rio Garonne invadido por uma maré humana. Pinturas em todo tipo de base. Xícaras de cerâmica antigas fixadas em crochê. Uma estrela de David de ouro em um cordão rompido. Uma estrela de David amarela, em pano roto. Passaportes carimbados pelo cônsul. Chaves de casas que, possivelmente, nunca mais abririam suas portas. Retratos esmaecidos colados em azulejos quebrados. Inúmeras fotos e desenhos do *Serpa Pinto*, navio de passageiros que, durante a 2ª Guerra mais viagens transatlânticas realizou entre Lisboa, Nova York e Rio de Janeiro. Transportou refugiados de guerra em geral, e, particularmente, judeus em fuga do nazismo. Levava de volta à Europa cidadãos de origem germânica expulsos dos países americanos. O *Serpa Pinto* adquiriu popularidade, ficou conhecido como "navio da amizade", "navio herói" e "navio do destino".

Havia uma foto do navio *Quanza*, de bandeira portuguesa, saído de Lisboa. Muitos dos passageiros tinham vistos falsos. Os refugiados enfrentaram um furacão em agosto de 1940 e também a desconfiança do comandante, que obrigou a compra do bilhete de retorno. Chegaram a salvo a Nova York dez dias depois, sendo a entrada negada a 121 passageiros, a maioria judeus. O navio seguiu pra Veracruz, no México, e somente 35 passageiros foram autorizados a desembarcar. Os 86 restantes, na maioria judeus belgas, permaneceram a bordo e retornariam à Europa. No painel, para ficar na História, a foto do grupo em desespero, pintada com uma gota escorrida de tinta vermelha.

Também estava fixada uma foto da primeira-dama americana, Eleanor Roosevelt, circundada de rosas vermelhas pintadas. Conta-se que, ao tomar conhecimento do drama dos 86 judeus que seguiriam para a Europa, com o apoio da Associação Judaica Americana, ela intercedeu por eles junto ao marido, que emitiu vistos políticos.

Oitenta refugiados desembarcaram, seis decidiram retornar à Europa. Dias mais tarde, os Roosevelt receberam uma braçada de rosas com um cartão: "Com a eterna gratidão por seu gesto humanitário, dos refugiados do *SS Quanza*". Eleonor, tocada e extremamente feliz, queria que o país abrisse as portas aos refugiados, sem imaginar a fúria da autoridade responsável, Samuel Breckinridge Long, que depositou todas as suas forças no intuito de bloquear a imigração. Em meados de 1941, quase nenhum refugiado de guerra foi autorizado a entrar nos Estados Unidos. E sequer o presidente podia mudar a situação.

Havia também muitas cartas, inúmeras, algumas dentro de envelopes envelhecidos. Um carrinho de brinquedo sem uma roda. Desenhos infantis, que perderam a cor, embora tenham resistido ao tempo. Um ursinho de pelúcia, roto, de uma criança que não chegou ao novo mundo.

Tudo o que significava memória desse passado seria doado à Fundação Sousa Mendes, criada dez anos antes. Os filhos e netos queriam recuperar a casa da família, a Casa do Passal, em Cabanas de Viriato, que estava em ruínas e torná-la um museu. O segundo painel também seria entregue em Lisboa, sendo seu destino Nova York para a nova sede americana.

A dor das experiências não anulava a motivação dos participantes do projeto. A viagem de regresso ao porto de onde escaparam para a vida era uma etapa imperiosa para fechar essa lacuna dentro de cada um. Em vez de fuga, desta vez seriam acolhidos pela Comunidade Judaica Portuguesa, que organizou uma recepção especial para o projeto Bússola. A diretoria da nova Fundação de Nova York estava a caminho de Lisboa para se juntar à matriz portuguesa.

— Muitas dessas pessoas pertenceram a comunidades poderosas de toda a Europa e conseguiram fugir desse inferno. Agora trabalham para perpetuar a História. — Gianni acrescentou.

— É, tem vazio que só se preenche com um pouco mais de si mesmo. — Maya pensou alto.

— Ainda tem trabalho hoje? Que tal um drinque e ver o pôr do sol? Estou com saudades de conversar com você assuntos que não sejam de trabalho. — Gianni disse com uma piscada de olho.

Maya olhou o relógio, indecisa.

— Então, vamos? Desligue a mente, garota, relaxe!

Maya teve a sensação de que a viagem se mostrava muito mais do que o imprevisível que julgara ao embarcar. Ela estava, dessa vez, disposta a dar crédito à sua vozinha perversa.

47

O sol já se despedia quando chegaram ao deque da piscina. Pediram um drinque e deitaram-se nas espreguiçadeiras. O céu, com um tom laranja-dourado, fazia com que eles brilhassem como se iluminados por um milhão de sóis. O vento se encarregava de desmanchar os cabelos.

Gianni estendeu a mão e tocou de leve no rosto de Maya. O beijo foi espontâneo, instintivo. Havia uma química perfeita. Levantaram-se e dirigiram-se ao elevador. Maya apertou o botão do andar de sua cabine e segurou a mão dele.

Na manhã seguinte, Maya acordou plena com Gianni ao seu lado. Foi inevitável a comparação com Paul.

Contemplou o rapaz por uns minutos e deu-se conta de que quase nada sabia dele, o que pouco importava depois da ótima noite. Acordou-o com um beijo. Ele abriu os olhos e a abraçou. Ela, rindo, rolou para fora da cama, abriu as cortinas.

— Sabe que horas são? Estamos atrasadíssimos, hoje é dia de trabalho!

Gianni a puxou de volta, agarrou-a pelos cabelos e a beijou com paixão. Ela correspondeu, para logo em seguida se desvencilhar, às gargalhadas.

— Agora só tenho tempo para uma chuveirada, não posso deixar Alice me esperando.

Ele se vestiu rapidamente para sair. — Nos vemos à noite?

— Eu gostaria. Muito. — Maya falou com a falta de vergonha e o atrevimento de quem se sabe com poder.

Ela seguiu para a suíte de Alice, que a recebeu para o café da manhã. Foi ótimo, estava faminta, e ansiosa para ouvir a continuação da história.

48

Quando os caixões com os jovens soldados começaram a chegar em número crescente e desproporcional em pequenas cidades, como Topeka, Corpus Christi e Austin, no interior do país, a pressão sobre o governo aumentou. A possibilidade de convocação involuntária para o serviço militar podia ser evitada de diferentes maneiras. Ter dinheiro e influência era uma delas, largamente utilizada pelos ricos e poderosos. Outra era fugindo para o Canadá. Ou, na pior das hipóteses, se lesionando deliberadamente para ser recusado nos testes de aptidão física. Os primeiros recrutamentos foram, sem sombra de dúvida, injustos.

À medida que a guerra prosseguia, mais soldados eram necessários. A máquina precisava ser alimentada. Os requisitos de serviço seletivo e isenções mudaram em um esforço para tornar o recrutamento mais justo. Embora o sistema de adiamento significasse que homens de nível socioeconômico mais baixo tinham maior probabilidade de serem enviados para a linha de frente, quase todo americano era elegível para ir à guerra — ou conhecia alguém que fosse.

O Congresso, pressionado, acabou modificando parte do Ato Militar Seletivo de 1967 — que ampliara a idade de convocação de 18 a 55 anos — dando autoridade ao presidente da República de alterar a forma de convocação.

Em 1º de dezembro de 1969, Richard Nixon instituiu a loteria do recrutamento. Um número aleatório de 1 a 366 era dado a cada possível soldado, correspondente a seu aniversário. Os números mais baixos foram os primeiros chamados.

A loteria não corrigiu todas as desigualdades da seleção. Acabou forçando os jovens com números baixos a enfrentar a perspectiva de ir para a guerra ou buscar como evitá-la. O pavor era ter que contar com a sorte.

Um profundo descontentamento social se desenvolveu entre os jovens, forçados a lutar uma guerra em que não acreditavam apenas para depois voltar para um país que não tinha como lhes dar suporte. A grande maioria retornou com traumas e sequelas.

O país estava cheio de graduados nas universidades sem perspectivas de emprego. Moças se recusavam a levar a mesma vida de suas mães, e o mito de uma sociedade igualitária parecia não conseguir abalar sua repugnante e violenta história de segregação e desigualdade racial. Que a cada dia se acentuava mais.

A discriminação de negros e mulheres, igualmente consideradas cidadãs de segunda categoria, era flagrante.

A cada dia, multidões engrossavam passeatas, que, muitas vezes, acabavam em baderna e violência.

Uma noite, Alice chegou para jantar mais tarde, agitada.

— Vocês tinham que ter visto o tamanho da manifestação. A fábrica foi cercada por manifestantes que ameaçavam destruir tudo. Que pânico! — Alice colocou as mãos na cabeça. — Vocês nem imaginam a atitude dos funcionários. Saíram para as escadas externas e, calados, levantaram cartazes que eles mesmos tinham feito. Diziam:

"Negros e latinos trabalham aqui!", "Nós somos respeitados," "Não quebrem nada!", "Respeitem o nosso ganha-pão!"

Enquanto Alice contava o que tinha acontecido, Albert se levantou e a deixou falando sozinha. Alice o olhou, desapontada. Annya viu que o clima estava cada vez mais tenso.

— Mãe, você sabe que papai não gosta desses assuntos. Você precisa mesmo contar isso no jantar o tempo todo? — Annya observou, na tentativa de moderar as desavenças dos pais.

Alice se levantou para levar os pratos para a cozinha, seguida pela filha.

— E como terminou? Ficou tudo bem, mamãe?

— A fábrica está fechada, por segurança. Aos poucos o grupo se dispersou. Os funcionários colaram os cartazes nas paredes, e fomos todos embora. Até segunda ordem.

49

Alice passara uma tarde conversando com Stemma Benasuli. Era amiga de uma vida, única pessoa com quem podia compartilhar suas angústias, sem medo. Stemma a ouvia e a aconselhava.

A situação com Albert estava cada vez mais insustentável. Pouco conversavam. Pouco se encontravam. Sequer tinham mais intimidade.

— Ah, Stemma, como se não bastassem todos os problemas com Albert, Annya já está quase uma mulher e se fechou como uma ostra. O tempo passou tão rápido. Fico me perguntando o que eu conheço da minha filha hoje? Onde será que eu falhei? Tenho a impressão de que perdi minha menina e estou perdendo meu casamento.

— Pois sempre há como resgatar o que ficou, Alice! Desde quando você se deixa vencer sem luta? Pois corra atrás! Vale a pena! E você saberá a melhor maneira de agir. Tudo a seu tempo. Ouça seu coração. — Stemma aconselhou.

Alice refletiu e acatou a sugestão. Em um dia de maio de 1972, saiu de sua rotina e caminhou até a escola de Annya no horário da saída. A filha, parada na porta, se surpreendeu ao vê-la. Pareceu-lhe feliz.

— Nossa, dona Alice, em plena quarta–feira não está trabalhando? O que aconteceu? – Annya, perguntou.

— Nada, quero sair com a minha filha. Não posso querer sair com a minha filha? — Alice deu um beijo em Annya. — Lanche no Zabar´s ou um sorvete — falou com um sorriso brincalhão.

— Mãe, desculpe. Hoje não posso. — Annya respondeu, enquanto arrumava a mochila nas costas e puxava a camisa para fora da saia.

— Nem para um sorvete? Você gostava tanto quando era pequena. Lembra-se? Vamos? Tem tanto tempo...

— OK, só meia hora, combinado? — Annya sugeriu. Não queria desapontar a mãe.

— Trinta minutos, negócio fechado. — Alice estendeu a mão para apertar a da filha, selando o acordo.

Annya riu da cena inesperada. Havia muito que não via a mãe assim. E pensou com carinho nos sorvetes da infância.

Foram em direção ao Central Park, que logo se anunciou com as múltiplas cores da primavera em suas árvores floridas. O gramado ainda guardava resquícios das folhas caídas.

Annya caminhava, silenciosa. Alice percebeu que ela estava absorta com o entorno.

Annya se abaixou, tocou uma flor.

— Miniatura de íris rosa. Começa a florescer agora. — falou em voz baixa, como que relembrando o que aprendera no passado.

À medida que adentravam o parque, novas paisagens e pessoas preenchiam aquele momento mágico.

Um saxofonista negro, com as bochechas estufadas, caprichava no som. Pararam para ouvir por um minuto. Alice deu à filha algumas moedas para colocar no chapéu que estava no chão A menina sorriu. Era assim quando era pequena, quando passeavam lá aos domingos com o pai. Um sem número de boas recordações vinham à tona.

No lago, os barquinhos balançavam suavemente ao sabor do vento, presos por corda a um mastro. Era dia de semana, o parque estava vazio. Um passarinho atraiu a atenção de Annya. Aproximou-se. Era um tordo do peito vermelho, que bebia à beira do lago. Annya o conhecia bem.

Inevitável não se lembrar de Mischka. Ele ensinou tudo que sabia da natureza para a sobrinha-bisneta durante aqueles curtos seis anos em que conviveram intensamente. Já se iam dez que ele se fora. Sempre afirmara que as pessoas precisavam de um lugar verde para estar, um parque com lagoas para remar e trilhas para passear por árvores e pontes. Que aquilo sim era vida, junto aos pequenos e médios animais. Fauna e flora em comunhão com as pessoas. Annya nunca esqueceu.

As cerejeiras já estavam frondosas. Annya pegou uma flor rosada que se soltara do galho. "Vishnya". Alice olhou para ela, franzindo a testa, sem entender. "Vishnya", ela repetiu, mostrando a flor da cerejeira. Alice se deu conta de que fora como tio Mischka lhe ensinara, em russo. A filha lhe deu a flor de presente. Ela agradeceu e, na mesma hora, a guardou na carteira. E lá ficou para sempre como uma lembrança viva, mesmo seca, descolorida.

Em um parque com clima de fábula e doces lembranças, Annya pediu à mãe para irem para casa.

— O sorvete pode ficar para um outro dia, mãe? — Annya perguntou, passando pela estátua em bronze de Alice no País das Maravilhas e se dirigindo para a saída da rua 74. — Eu realmente preciso ir para casa.

Alice não se aborreceu. Não faltaria oportunidade para saírem juntas. Olhou com o rabo de olho e percebeu que Annya tocava o rosto, inquieta. Julgou que fosse a espinha inflamada que a incomodava. Nada disse. Só pensou: "Incomoda mesmo, é da adolescência".

Na volta, Alice pediu um minuto e entrou em uma farmácia. Retornou com uma sacolinha que entregou à filha, que, ressabiada, logo abriu e olhou para a mãe, surpresa.

— É Clearasil, uma pomada infalível para espinhas. Eu usei quando tinha sua idade, era novidade naquela época. Vão desaparecer logo, não se preocupe. É tiro e queda, meu amor.

— Obrigada, mãe. — a jovem agradeceu, desconcertada, abaixando a cabeça, puxando a camisa.

— De nada, meu amor. — Alice respondeu, e em seguida, instintivamente, beijou-lhe a face, acariciou seu rosto. Fazia tanto tempo...

Ao chegarem em casa, acabou o encanto. Annya se desculpou, foi para o quarto e fechou a porta. Ultimamente passava muito tempo dormindo, com as notas na escola inalteradas, ótimas.

Concordaram em passar o Dia das Mães na casa dos avós Levy junto com os pais de Alice em um almoço nos jardins. O aniversário de Annya era no dia seguinte. Aproveitariam para comemorar as duas datas junto com os avós. Mas ela deixara claro que não queria qualquer celebração.

Alice pôs-se a pensar em um presente especial. A data era um marco na vida da filha. O que poderia simbolizar seu amor? Falou com Albert.

— Vamos dar uma joia? Pensei que poderia ser uma peça bem significativa para a data.

Albert abraçou a ideia. Era a primeira vez em muito tempo que eles não só concordavam, como também não discutiam.

Ele imediatamente colocou a equipe de criação da joalheria a postos para desenvolver uma peça única. O desafio era de algo com um significado especial. Alice e Albert compartilharam da mesma ideia, e a escolha dos dois entrou em execução em ritmo de urgência.

No sábado, dia 14, Alice recebeu das mãos de Albert uma belíssima caixa de veludo embrulhada para presente. Abriu e conferiu. Perfeito! Era a marca do amor dos pais pela filha. Novos tempos se anunciavam. A vida voltaria a sorrir.

50

O domingo foi adorável. Transcorreu como havia muito não se vivenciava. Annya estava mais amorosa, feliz, até mais comunicativa. Mesmo a avó Levy, sempre tão intransigente, percebeu. E nem se incomodou com o vestido despojado, largão, meio hippie, que a neta vestia.

Foi um dia pleno. Lia e Solomon conversaram muito com a neta. Solomon, curioso, perguntou-lhe se tinha uma área de interesse a cursar. E se a NYU seria uma das instituições de escolha. Logo seria hora de se inscrever para as faculdades. Sabia que alcançara bons resultados na escola. Albert, ouvindo a conversa, interveio, dizendo que sua Yale também seria uma excelente escolha. Annya, por um momento, gostou da disputa familiar. No fundo — para espanto dela mesma –, sentia falta das famílias juntas, cada uma especial do seu jeito. Só sentia muita saudade de bisa Beile, biso Moishe e, principalmente, do tio Mischka.

Annya parecia bem. Só foi estranho mal ter provado do esplêndido almoço.

De volta a casa, Annya deu um boa-noite afetuoso. Abraçou e beijou a mãe, abraçou e beijou o pai, e se recolheu. Annya percebeu uma mudança na relação dos pais. Notou carinho e teve esperança de uma reconciliação.

Annya viu quando Albert abraçou Alice e foram juntos para o quarto do casal.

No dia seguinte, Annya ainda dormia quando Alice entrou em seu quarto, pé ante pé. Deixou o presente na mesinha de cabeceira, com um cartão carinhoso assinado por ela e Albert. Queria que a filha inaugurasse os seus 16 anos sentindo o amor que tinha de seus pais. Fechou a porta com cuidado e saiu com o marido, cada qual para o seu trabalho.

Alice passou uma manhã maravilhosa. Aliás, todo o fim de semana foi pleno de prazer. Na hora do almoço, decidiu voltar logo para casa. Passou na confeitaria no Brooklyn e comprou o bolo favorito da filha. Esperaria Annya chegar da escola. Ela não queria nenhuma comemoração...quem sabe cantariam "parabéns" depois do jantar?

Atravessou a ponte com as janelas abertas, o vento fresco no rosto. A rádio tocava a música que Annya adorava. Seria uma coincidência?

Ao entrar em casa, Alice deixou o bolo na cozinha. Viu a porta de Annya fechada, como sempre. Logo vieram as memórias da infância. Sentiu vontade de ver a filha. Bateu. Como não ouviu resposta, virou a maçaneta. Ela ainda não havia chegado da escola. O quarto escuro, cortinas cerradas, estava vazio. Acendeu a luz. Em cima do cobertor amarfanhado, um bilhete em letras gigantescas, ao lado da caixa do presente, aberta e vazia. Alice ficou tonta, o chão lhe faltou, e ela escorregou ao soalho. Não sabe quanto tempo ficou assim, não lembra o que pensou — se pensou. Um tempo fora do tempo. Quando se deu conta, estava sentada, encostada na cama, pernas contra o peito, respiração acelerada, a folha de papel apertada nas mãos.

Como que saindo de um transe, levantou-se e foi para a sala ligar para Albert. Antes que pudesse alcançar o telefone, ele entrou, com um enorme buquê de flores. O sorriso desapareceu antes que pudesse fechar a porta.

— Annya fugiu de casa! — Alice falou, tentando controlar a emoção.

Albert deixou cair o buquê.

— Como, fugiu? Não é a primeira vez que ela sai sem avisar.

— E esse bilhete? Nunca fez isso! — Alice esticou a mão trêmula e entregou o papel ao marido.

"FUI VIVER MINHA VIDA!"

51

Alice despertou com o barulho da água que vibrava na taça na mesinha ao lado da cama. O mar estava revolto, ventava muito. Custara a pegar no sono depois da conversa com Maya na véspera. Falar da filha era sempre doloroso. Olhou o relógio. Cuidadosamente se levantou e foi para a varanda, se segurando na balaustrada para se equilibrar.

Ainda estava escuro. Logo o navio deixaria o Atlântico para fazer uma ampla curva à esquerda e adentrar nas águas tranquilas do Tejo rumo ao porto de Lisboa.

Alice subiu ao convés, onde avistou Maya, que já estava lá havia mais tempo. Não conseguira dormir, inquieta com o que Alice lhe contara. Teria que ter paciência para saber o fim da história.

Alice aproximou-se e a abraçou, causando um bem-estar nas duas.

— Teremos um dia longo e intenso hoje. — Alice comentou.

— Sim, e especial para muita gente aqui. — Maya acrescentou, apontando para os passageiros que começavam a disputar lugar na amurada. Munidos de suas câmeras fotográficas, queriam ver o nascer do sol no lugar de onde tinham saído, cheios de esperança de encontrar a liberdade.

O dia amanhecia. Logo o mar virou rio e aquietou-se. Para surpresa geral, atraíram os tradicionais barcos do rio, que cercaram o navio num cortejo de boas-vindas. Gaivotas sobrevoavam adornando a moldura. O comandante fez soar o apito de saudação, emocionando a todos.

Stemma se aproximou de Alice e Maya, enquanto Gianni documentava tudo à volta. E assim, como todos ao redor, apreciavam as embarcações que os festejavam enquanto o navio deslizava em frente aos marcos da cidade até alcançar o porto.

Ouviu-se a voz do comandante nos alto-falantes.

"Muito bom-dia a todos. Estamos a chegar ao ponto de partida para todas as rotas. Lisboa, o porto de todos os encontros. O lugar onde o Tejo encontra o Atlântico, onde as rotas encontram o Norte, onde a terra encontra o mar. Estamos a chegar aonde as velas encontram o vento. Onde se encontra uma visão de futuro. Um enorme número de barcos a vela nos faz as honras da casa. Irão nos acompanhar até a chegada ao cais. Aqui começa a celebração ao passado, nesta nossa segunda parada com uma significativa cerimônia do projeto Bússola, que é a busca do Norte de cada um de nós. E eu me incluo nessa jornada. Lisboa para mim também foi a possibilidade de vida. Que todos tenhamos uma boa experiência".

O comandante, como tantos no barco, estava envolvido e sensibilizado; era filho de um refugiado de guerra, que saíra pelo porto de Lisboa.

O navio aportou suavemente no cais, onde se lia:

BEM-VINDO A LISBOA – WELCOME

Uma delegação da Fundação Sousa Mendes e voluntárias da Comunidade Israelita de Lisboa aguardavam, com um coral de crianças encantando os ouvintes.

Não sem espanto Alice percebeu operários içarem uma escada antiga de madeira, tal como as usadas em 1940, e engastá-la no navio. Bem segura, estava pronta para receber os convidados.

Alice foi a primeira a descer, acompanhada do comandante, comovido ao tocar a madeira da escada, remetendo-o a 1940, quando ainda era criança. Foi como voltar no tempo. Agora, os passageiros desciam em uma terra cordial. Antes, fugiam do perigo que os ameaçava. Agora, estavam ali para reviver a conquista da liberdade facilitada pelo visto do cônsul português em Bordeaux, na França, Aristides de Sousa Mendes. Para dar *kavod*, honraria, à sua memória. Exaltar a humanidade e compaixão do diplomata, homem de família, católico temente a Deus, que desafiou a ideologia fascista, evocando a defesa dos valores da liberdade e dignidade humana.

Octogenários e nonagenários, emocionados, acompanhados pelos familiares, desceram entusiasmados, vencendo cada degrau. A euforia era contagiante. Viajavam no tempo. Com um vento bom.

Acomodados em ônibus, seriam levados ao Panteão Nacional, onde aconteceria uma cerimônia em homenagem ao cônsul. No caminho, apreciavam a paisagem da janela degustando pasteis de Belém quentinhos oferecidos pelas voluntárias como sinal de boas-vindas.

52

No Panteão, Maya deu o braço à Alice e subiram até um portal que levava à suntuosa nave, com o chão colorido em desenhos de diferentes mármores. Erguido no alto de uma das sete colinas de Lisboa, voltado para o Tejo, a construção consumiu quase quatro séculos, mas só foi inaugurado em 1966 para abrigar túmulos e cenotáfios de portugueses ilustres. O ar exalava história, vida e uma energia poderosa.

A presidente da Comunidade Israelita de Lisboa dirigiu-se à plateia depois da execução do Hino Nacional de Portugal.

— Bom dia a todos, Shalom! Bem-vindos a essa "Viagem à fronteira da Memória". Estamos aqui para reverenciar o homem que ajudou tantos aqui presentes ou seus familiares. Aristides de Sousa Mendes, o cônsul português que salvou milhares de judeus e outros refugiados do regime nazista, emitindo vistos à revelia das ordens expressas do governo de António de Oliveira Salazar. Ele demonstrou uma coragem moral e um sentido do dever à altura dos desafios com que estava confrontado. Contrariou instruções taxativas. Por esse ato de rebeldia, foi expulso da carreira diplomática. Ele mudou a história de Portugal e projetou o país no mundo. Os valores que perseguiu devem ser lembrados por seus atos e como inspiração para que os mantenhamos vivos. Essa consagração é relevante porque bem sabemos que as perseguições e a necessidade de proteção não acabaram com a 2ª Guerra.

As palavras foram entremeadas por aplausos entusiasmados.

— Quem salva uma vida é como se salvasse o mundo inteiro — a presidente continuou — e ele não hesitou em salvar trinta mil, incluindo milhares de judeus e apátridas. Foi reconhecido em 1966 pelo Memorial do Holocausto Yad Vashem em Jerusalém como um Justo entre as Nações. Morreu no ostracismo aos 69 anos. A Associação Judaica de Lisboa foi a única a ajudar a família Sousa Mendes, e a ela somos eternamente gratos. Agora pleiteamos que seu nome se una a outros heróis, num cenotáfio, túmulo sem corpo, neste Panteão Nacional. Seus restos mortais deverão permanecer na terra natal, em Cabanas de Viriato, no distrito de Viseu. Que os dirigentes desta nação tragam sua memória para este Panteão, ao que lhe pertence. Muito obrigada.

Em meio a ovações, um grupo de participantes do projeto Bússola entregou à Fundação Sousa Mendes — à de Portugal e à de Nova York — os painéis que relembravam o passado. Os representantes agradeceram, assegurando que seria a primeira peça a ser exibida nos museus a serem em breve construídos.

A presidente retomou a palavra.

— Este momento, tão significativo, esta viagem à fronteira da memória, é de vocês. O microfone está aberto para suas histórias e considerações.

Um senhor de seus oitenta e muitos anos, determinado, ergueu a mão.

53

— Boa tarde a todos. Sou Morris Cohen, de essência polonesa. Hoje moro em Nova York. Pesquisar nossas raízes é um trabalho misto de detetive e quebra-cabeças. Busco o passado há anos. Encontrei Alice Sadovik por acaso. Eu não conhecia a organização que Julius Klein havia criado, e que ela abraçara. Ela me perguntou quem eu queria encontrar. Eu lembro que sorri, porque àquela altura da vida, eu não encontraria mais ninguém vivo. Lembra-se, Alice? — falou olhando docemente para ela. — Na verdade, eu só queria uma simples resposta: quem tinha sido minha avó. Eu nunca tive interesse em perguntar aos meus pais sobre a família, e eles nunca falaram nada sobre o passado. Era como se a primeira semente tivesse germinado a partir dos meus pais. Eu não tive família anterior. E, à medida que eu fui amadurecendo, comecei a sentir necessidade de conhecer mais sobre meus antepassados. E, para encurtar uma longa história, eu acabei chegando a uma prima de segundo grau de minha mãe. Eu mal me lembrava dela. Estava senil, internada em um residencial de idosos na Polônia havia décadas. Ela me entregou uma caixa de madeira, antiga, onde estavam fotos, algumas com identificação das pessoas atrás. Outras com datas. Que não me diziam nada. Com a ajuda de Alice, levamos as fotos ao JRI — Índice de Registro Judaico

– uma organização que desenvolveu um banco de dados e se dedica a preservar e compartilhar os registros com a comunidade judaica global, rastreando raízes familiares. Foi uma fonte valiosa. Consegui descobrir muitos fatos sobre minha família. Isso fez tão bem à minha alma. E assim, só querendo saber o nome da minha avó – que por sinal se chamava Hannah Leah — falou com uma alegria contagiante —, eu teci uma rede de pessoas com o mesmo desejo. Saber de onde vieram, conhecer suas origens. E assim chegamos ao nome de Aristides de Sousa Mendes. Só que, surgiu um outro nome, esporadicamente ligado ao dele. A do rabino Kruger.

De repente, ouviu-se uma voz.

— O rabino Chaim Hersz Kruger foi um grande amigo do meu avô.

Um burburinho tomou conta do salão enquanto um homem ruivo, de seus 40 anos, colocou-se ao lado de Morris Cohen, que, com um gesto solidário, passou-lhe o microfone.

— Meu nome é David Finkelstein. Meu avô, Moishe Finkelstein, era grande amigo do rabino Kruger em Bruxelas. Fugiram juntos. E foi através dele que meu avô conseguiu o visto do cônsul Sousa Mendes.

54

— Tenho a impressão de que não incorreria em erro ao afirmar que o diplomata católico romano praticante foi um aliado do rabino ortodoxo, e constituíram uma dupla e tanto. — David falou.

Morris Cohen fez um sinal com a cabeça, mostrando concordar. A conversa começou a tomar corpo.

— Nos anos 1930, o rabino Kruger e seus cinco filhos moravam em Bruxelas. Eram vizinhos dos meus avós. Em 10 de maio de 1940, quando os nazistas invadiram a Bélgica, os judeus se apressaram a buscar segurança em território francês, ainda livre. Porém, o rabino ficou num dilema: sendo uma sexta-feira, Shabat, precisava decidir se quebraria um dos princípios mais sagrados do Judaísmo.

— *Oy vey*! — uma senhora sussurrou.

— Meu avô contou que o rabino, muito religioso, foi para a sinagoga pensando em uma solução. Precisava analisar se a situação se enquadrava no *Pikuach Nefesh*, o princípio maior das leis judaicas, que prioriza a preservação da vida e está acima de qualquer outra regra. Com a aproximação dos nazistas, o rabino teve a certeza de que salvar vidas era primordial. E assim, as duas famílias saíram juntas de Bruxelas rumo a Bordeaux, na sexta-feira, 10 de maio de 1940, antes da chegada dos alemães. Eles se uniram à multidão acampada na Place des Quinconces, uma das maiores praças urbanas da Europa em frente ao rio Garonne, superlotada de refugiados de todas as nacionalidades.

Não se ouvia um ruído. As atenções estavam todas na narrativa de David.

— Meu avô contou que o rabino ficou surpreso quando viu um grande carro preto e lustroso, dirigido por um motorista, parar próximo a eles. Um cavalheiro bem vestido desceu e o abordou. Cansado e havia dias com a família sem comer adequadamente e se banhar, o rabino não estava nada apresentável para falar com uma autoridade. O cavalheiro era Sousa Mendes, que lhe ofereceu sua casa, no andar superior do consulado português, bem próximo dali, num prédio de cinco andares que também dava para o rio. A relação entre os dois foi estabelecida naquele momento. A família do meu avô permaneceu no acampamento.

A plateia estava hipnotizada.

— Vocês devem se perguntar. O que será que o levou a escolher o rabino Kruger e não outra pessoa qualquer?

David prosseguiu depois de um breve silêncio.

— Nem tudo se explica. No entanto, muito se sente. Eles acabaram se descobrindo irmãos de alma, e o afeto foi mútuo. Aristides também tinha família grande, sabia o que isso significava e queria ajudar os Kruger. Foram muito bem recebidos por dona Angelina, esposa do cônsul e pelos filhos. As crianças brincaram juntas.

As fisionomias começaram a se descontrair.

— No dia seguinte, bem cedo, Kruger reuniu a família, deixou o consulado e retornou ao acampamento. Julgou que não seria justo terem aquele acolhimento enquanto outros refugiados ficavam ao relento. Sousa Mendes, intrigado com essa atitude, foi novamente ao encontro do rabino. Meu avô relatou que foi uma longa conversa. O cônsul ofereceu vistos para Kruger e sua família, a garantia de fuga pela fronteira com a Espanha, chegando a salvo a Lisboa. Dali rumariam para a América do Norte, escapando do nazismo. A resposta não foi a esperada. O rabino agradeceu, ressaltando que só aceitaria se a distribuição de vistos fosse a todos os que precisavam. Ele não era melhor do que ninguém.

A plateia estava atenta. Alguns balançavam a cabeça em concordância.

— A multidão não parava de chegar ao consulado. Salazar havia assinado a Circular 14, que proibia terminantemente a emissão de vistos a judeus, russos e apátridas, dentre eles milhares de franceses naturalizados que tiveram suas cidadanias revogadas pelo governo de Vichy, e alemães que residiam em outros países ou em países anexados pelo governo nazista, como a Tchecoslováquia. O rabino sabia que colocava sua família em risco. Mas, para ele, todos os desabrigados eram família.

— Um verdadeiro *mensch*, homem de integridade e honra! — alguém exclamou. — E o que aconteceu?

— Para comoção de Kruger, o cônsul ficou dividido entre o dever da obediência e sua consciência. O dilema era tão desestabilizador que Souza Mendes se trancou em seu quarto por três dias como se tivesse sido acometido por uma doença grave antes de tomar a decisão de desobedecer. Então ele se reuniu com Kruger e lhe informou de suas intenções. Emitiria vistos para ele e todos que precisassem, independente de religião, raça ou posição política. Ele preferia estar contra os homens ao lado de Deus do que contra Deus ao lado dos homens. Ele assinaria vistos para refugiados que tinham passaportes e também para os que não tinham. Era preciso distribuir um maior número de vistos em um período menor. Pediu a ajuda de todos. As fronteiras se fechavam. O perigo aumentava.

— Foi um terror, lembra-se? — um casal nonagenário trocava vivências.

— Como eu me esqueceria, minha querida? — o marido respondeu, acariciando a mão da esposa.

— E o inacreditável aconteceu — o jovem continuou. — O rabino Kruger foi para as ruas com uma enorme sacola na mão e gritou: " Todos que precisam de visto, me deem os passaportes que serão carimbados".

Um grande alvoroço tomou conta da cidade, e o vento levou a palavra. A cada dia havia mais e mais gente, implorando por uma oportunidade de sobrevivência. Filas se formavam. Kruger circulava entre a multidão, reunindo passaportes, levando-os para o andar de cima para a assinatura de Sousa Mendes e retornando com os documentos visados.

David conquistou a atenção da plateia com a história que poucos souberam na época.

Para agilizar a operação, Sousa Mendes contou com a ajuda do filho, do sobrinho, e do secretário consular. Um carimbava o passaporte, Sousa Mendes assinava e o secretário emitia um número no livro de registro oficial. Trabalhavam rapidamente, lado a lado, tal qual uma linha de produção. No final, faltou papel, e carimbaram os vistos nas folhas timbradas do consulado, chegando a usar papel comum para vistos de trânsito com validade de trinta dias.

Na pressa de atender ao maior número de refugiados, o cônsul encurtou a assinatura para Sousa Mendes e depois simplesmente Mendes.

Essa empreitada durou somente 12 dias do mês de junho de 1940 e favoreceu dezenas de milhares de pessoas que fugiram imediatamente. E a fila, num paradoxo, só aumentava.

Novas pessoas chegavam desesperadas por vistos de saída. Além dos anônimos, havia nomes ilustres na mesma situação. Os Rotschilds, que já eram grandes banqueiros na época, Salvador Dalí e a esposa, e até o Arquiduque Otto von Habsburg, pretendente ao trono da Áustria. O cônsul deu a ele 19 vistos para que a família pudesse fugir junta. No entanto, nem todos tiveram a mesma sorte.

A plateia, em silêncio, aguardava o desfecho da história. A notícia dos vistos chegou a Salazar, que tomou conhecimento da conduta do cônsul em Bordeaux, nas barbas das autoridades.

No dia 19 de junho, a Alemanha bombardeou Bordeaux. O avanço das tropas de Hitler era inexorável, com o regime colaboracionista já tomando forma na França. A posição de Aristides se tornou insustentável. Em algum momento, a Espanha deixaria de honrar os vistos concedidos e assinados por ele. Sem perder tempo, Aristides saiu de Bordeaux para Bayonne, não muito longe da fronteira espanhola, para emitir vistos de lá. Uma aglomeração cercava o consulado português quando ele chegou. Ficou claro que a construção antiga não suportaria o peso da multidão que forçava a entrada. O cônsul, sem se fazer de rogado, levou uma mesa para o meio da rua, e lá mesmo passou a assinar e carimbar os documentos, dando chance a mais gente.

Os Kruger fugiram de Bordeaux com os Finkelstein direto para a fronteira espanhola, em um dos últimos grupos. Era uma corrida contra o tempo.

Mas chegaram tarde demais. A passagem para a Espanha lhes foi negada.

55

Na fronteira com a Espanha, ordens expressas barraram os portadores de vistos emitidos pelo cônsul português. O rabino Kruger tomou a dianteira e falou em nome da multidão que aguardava a abertura da cancela. Implorou para permitirem a passagem para a Espanha. Foi duramente rechaçado com violentas atitudes antissemitas.

De repente, para surpresa geral, o cônsul português surgiu do nada. Após longa negociação com o oficial encarregado, saiu sozinho, foi até a barreira, levantou a cancela e ordenou que todos passassem, rápida e imediatamente. Ainda houve tempo para um forte abraço entre o cônsul e o rabino, e um desejo mútuo de saúde e sorte. A multidão se apressou para fugir do nazismo a caminho de Portugal.

As famílias Kruger e Finkelstein conseguiram chegar a Lisboa em segurança. A comunidade judaica deu suporte a todos os judeus que esperavam os navios que os levariam a seus destinos: Estados Unidos, Canadá, Cuba, México, África e América do Sul.

O rabino Kruger, assim como a maioria dos refugiados, não tinha muitos recursos. Comiam na Cozinha Econômica Israelita. A cantina dos refugiados judeus em Lisboa durante a guerra foi uma das iniciativas da *Joint* para ajudar os judeus que, aos milhares, chegavam ao último porto da Europa ainda aberto à salvação. A Cozinha Econômica ficava no nº 17 da Travessa do Noronha, ruela que dava para um largo escondido, com saída única. De lá também, a *Joint*, em colaboração com a Cruz Vermelha, fazia pacotes de até meio quilo, com chocolate, sardinhas em lata, pequenos saquinhos com café. E mandava para um destinatário de quem se ignorava tudo, menos o essencial. Estavam em Auschwitz, Treblinka, Theresienstadt.

Certa vez, Kruger recebeu a visita de Sousa Mendes. Ficou arrasado ao saber que recebera ordem de regressar à sede do governo, demitido após um processo disciplinar sumário, suspenso das funções e forçado a uma aposentadoria irrisória. Ele confessou, mesmo assim, que em nenhum momento se arrependeu do que havia feito. Sendo nítido que passava por dificuldades para alimentar a gigantesca família, Kruger viu ali a oportunidade de retribuir sua generosidade e humanidade. Conversou com os responsáveis da Cozinha Econômica Israelita, que, embora restrita a judeus, recebeu Aristides de Sousa Mendes com honrarias. E lá as famílias Kruger, Finkelstein e Sousa Mendes receberam alimentação, até tomarem rumos distintos.

Durante o pouco tempo que passaram juntos, Kruger e Sousa Mendes conversaram muito. O cônsul repetia com frequência: "Que mundo é este em que é preciso ser louco para fazer o que é certo?" Repassaram os fatos, tentando compreender o que aconteceu tão rapidamente. Um judeu ortodoxo polonês, que se recusou a aceitar uma regalia tinha sido a inspiração para um português católico fervoroso se negar a participar de atos contra a humanidade. Ficou na memória de Kruger a indignação do cônsul.

Os Kruger e os Finkelstein embarcaram juntos com centenas de refugiados para Nova York, em 3 de junho de 1941, no navio *Nyassa*.

— Meu pai me disse que há uma possibilidade dos Sousa Mendes serem descendentes dos "conversos", os judeus forçados a se converter ao catolicismo na época da Inquisição, uns 500 anos atrás.

Era uma hipótese que o próprio Sousa Mendes levantou para Kruger. E, sendo possível ou não, a verdade é que há muitos portugueses que têm sangue judeu sem sequer ter conhecimento. — completou David Finkelstein, que logo retornou com Morris a seus lugares sob aplausos.

— Só nos resta agora aguardar o momento de celebrarmos, neste mesmo Panteão, a memória de Aristides de Sousa Mendes, como um português justo a não ser esquecido — a presidente da Comunidade Israelita de Lisboa concluiu.

Em vez de palmas, ouviu-se o silêncio e o arrastar leve de cadeiras. Foi comovente ver os homens, instintivamente, tirarem uma *kipá* do bolso, colocarem na cabeça e ficarem de pé. Rezaram o *Kadish*, contritos e a uma só voz, a oração em homenagem aos mortos, envoltos por uma nuvem doce de gratidão e tristeza. Era para evocar e honrar a memória de Sousa Mendes e de todos os que pereceram e não conseguiram chegar àquele momento. E eram muitos.

Alice segurou forte a mão de Maya. E, para surpresa de Alice, juntas recitaram o *Kadish*.

56

— Sabe, Alice, curioso como eu me lembrei do som das palavras em hebraico, do sentimento que elas infundem, embora até hoje eu não saiba o que significam. Só sei que dão um incrível conforto à alma. – Maya comentou, ainda sob a emoção da véspera.

Maya fora criada pelos pais em um judaísmo bem liberal. Após a morte súbita da avó materna, figura de destaque no núcleo familiar, Maya e os pais passaram a participar do serviço religioso de uma pequena sinagoga conservadora, a convite de amigos que a frequentavam.

Durante um mês, eles se uniram a todos que reverenciavam seus mortos através da recitação do *Kadish*. Maya tinha 17 anos. Neta única, sempre teve uma forte relação com a avó, cuja morte inesperada lhe causou uma dor imensurável. A disciplina de rezar todos os dias, cercada do acolhimento da comunidade, de certa forma, deu alento à família até que a vida voltou à rotina. O que ficou foram a saudade e a oração, que acabou sabendo de cor. A religião da família passava pela cozinha da avó e não pelos livros de reza.

— Sinto muita saudade da minha avó Bertha.

— Curioso. Quando eu perdi o meu tio Mischka, também aprendi a rezar o *Kadish*. Eu pronunciava as palavras sozinha, desacompanhada, onde estivesse. Mergulhei fundo no trabalho, sem esmorecer. O mesmo aconteceu quando perdi minha Annya.

Um silêncio se fez. Alice rapidamente mudou de assunto.

— E o seu sobrenome? Por que você se assina Maya Machado?

— O sobrenome que eu uso é o meu nome do meio. Meu avô materno não era judeu. Já a minha avó Bertha é de uma família que veio de Odessa, eles fugiram na época da revolução russa e foram para o Brasil. Minha mãe nasceu no Brasil. É judia brasileira. Já meu pai é americano, e se diz ateu. Ele tem origem húngara. István Rózsahegyi. Não há quem saiba pronunciar. O sobrenome tem mais consoantes do que vogais, complica a vida, e ele não se incomodou de eu facilitar a minha e adotar o nome de solteira da minha mãe.

Alice sorriu.

— Sabe, eu queria muito continuar a ouvir a história da sua filha.

O ônibus manobrava para parar junto à escada do navio. Já não era mais a escada de madeira do passado. Agora era moderna, firme. A que levava ao futuro. Era a vida que continuava.

— Eu vou lhe contar tudo. — Alice se apoiou no braço de Maya enquanto subiam os degraus para entrar na embarcação.

57

O bilhete deixado na cama de Annya não deixava dúvida: ela fora embora. Albert não queria aceitar. Ela, nos últimos tempos, dormia com frequência em casa de amigas. Muitas vezes, sem avisar. Apesar da situação, ele resistia à ideia de ligar para a polícia. "Não tem desaparecimento algum para ser reportado", falava com raiva. "Ligue para a casa da Lilly, certamente estará lá ". Annya já tinha dado essa justificativa outras vezes.

A verdade é que eles não conheciam a filha. Será que voltaria? Albert preferia pensar que sim. Ele só pediu que Alice não contasse aos pais, que não assustasse a família. Com certeza Annya voltaria logo.

As horas se passaram, e nada aconteceu. No dia seguinte, Alice resolveu contrariar o marido e tomar uma atitude. Discou para a polícia, aprumando o corpo e limpando a voz. "Quero reportar o desaparecimento da minha filha" — falou com a firmeza possível. Em pouco tempo um policial da delegacia do bairro estava dentro da casa, fazendo perguntas. O casal, angustiado e envergonhado, se deu conta de que não sabia responder à maior parte delas. Não conheciam os detalhes da rotina da própria filha. O policial pediu licença para entrar nos aposentos de Annya. Não tocou em nada.

Julgou mais prudente solicitar a presença de um especialista. Era uma família proeminente, não podia incorrer em erro.

O perito chegou na manhã seguinte. Dirigiu-se ao quarto da jovem, demandou privacidade. Fechou a porta, deixando Albert e Alice do lado de fora, aflitos. Depois de um par de horas, a porta se abriu. "Vocês têm certeza de que nada foi subtraído após a descoberta do desaparecimento de sua filha?" — indagou, segurando um saco plástico transparente devidamente etiquetado com a caixa de joias vazia deixada sobre a cama. Os pais ficaram constrangidos.

— Annya deve ter sido forçada a ir embora, só pode ser isso. Alguma má companhia. Ela é uma boa menina, não teria por que fugir. Não é mesmo, Alice? — Albert falou em pânico, pedindo socorro à mulher.

O perito olhou para o casal com empatia. Era mais uma menina rica, talvez drogada, que fazia o que queria e foi embora porque quis. Talvez tivesse levado alguma joia da família para vender... E tornou a repetir a pergunta, calmamente.

— Ela não deixou nenhum bilhete? Vocês têm certeza?

Albert abriu a gaveta do aparador da sala e entregou o papel encontrado ao perito, que nada comentou. Ele ensacou e etiquetou o bilhete, e colocou numa mala. Albert tentou sensibilizar o oficial.

— Esse bilhete não é bem assim. Minha filha só tem 16 anos, ela pode ter sido forçada. Nova York é uma cidade muito perigosa, ela pode ter sido ludibriada por más companhias...

O perito abriu a porta, saiu e se voltou: — Entraremos em contato, senhor Levy. Faremos todo o possível para localizarmos sua filha. Daremos notícia.

Nada aconteceu durante uma semana, a não ser a presença dos avós de Annya, agora constante, o que dava um certo conforto. Não era mais possível omitir deles um fato tão grave.

Nas semanas seguintes, Albert ligou insistentemente para a polícia. Eles diziam que estavam trabalhando no caso, embora não dessem qualquer notícia.

Os investigadores pensavam e comentavam entre si que os pais quanto mais ricos, menos sabiam dos filhos. E não tinham mais o que fazer. A menina tinha evaporado.

Alice sentia como se tivesse saído de algum lugar esquecido e ido parar na vida de outra pessoa. Albert não saía da cama. O tempo passava, e as esperanças desvaneciam. A fadiga e o estresse empurravam Alice compulsivamente de volta ao trabalho para não enlouquecer. Não imaginara que seria ainda pior meses depois quando viu Albert desaparecer de sua vida. Perdeu toda a alegria de viver. O que podia destruí-lo veio de dentro. O sentimento de ter errado com Annya. Se quando ela era criança ele foi relapso e esteve muito ausente, agora o coração se incumbiu de entregar a conta. E parou. Assim ele se foi. E, com ele, todos os Levy. Houve um rompimento. Não a perdoavam. Responsabilizavam Alice por ter-lhes tirado o único filho e a única neta.

Alice se lembrava de Albert, suas mãos bonitas, dedos longos. Depois do desaparecimento de Annya, o cabelo, antes bem escuro, se misturara a inúmeros fios brancos, fazendo com que a aparência mudasse, com eternas olheiras. Até a elegância, sempre presente, foi negligenciada. Albert efetivamente havia perdido o brilho nos olhos, até que se fecharam de vez. E Alice ficou só.

— Eu preciso parar agora. — Alice disse, se levantando, alongando o pescoço, de um lado para o outro. Parecia que todos os músculos do corpo estavam retesados.

— Nos vemos amanhã. Tente descansar. — Maya abraçou Alice e acariciou seu rosto levemente antes de deixar a cabine.

"Que mulher incrível" — Maya pensou —" Fica a mãe e seu amor infinito, que carrega uma história de dor que quase a impede de respirar."

A jornalista pensou ter sido natural, fazia sentido ela se interessar pela causa dos refugiados e desaparecidos. Annya foi a primeira geração efetiva de judeus na família de Alice que nasceu na América, como os judeus na Alemanha, que se diziam alemães, e não judeus.

58

O navio começou a se afastar do porto, conduzido pelo barco-piloto. Ao som do primeiro apito, os passageiros acenaram, radiantes, despedindo-se da terra que, em outro tempo, lhes causara tanta apreensão pelo futuro.

Ao som dos apitos seguintes, o rosto de Maya se iluminou quando sentiu um abraço apertado de Gianni.

— O que de fato arrepia na despedida é o apito dos navios. Sem eles, o espetáculo não estaria completo. — Gianni falou, beijando-a carinhosamente no pescoço.

— Navios que não apitam não se despedem, não é mesmo? — Maya concluiu.

Ficaram parados ali por um bom tempo. A embarcação fez uma larga curva para a direita e deixou as águas doces do Tejo enquanto os monumentos iluminados desapareciam ao longo da orla de Lisboa. Agora estavam de volta ao Atlântico para dois dias de navegação em direção a Bordeaux. Revisitariam outra parte da história vivida pelos participantes do Bússola.

— Abrimos um tinto na sua cabine? — Gianni deu uma piscadela, já puxando Maya pela mão — Aproveitamos nossa noite livre juntos?

A luz do anoitecer invadiu a suíte quando Gianni abriu a cortina. O mar, tranquilo, soprava uma brisa amena. Ele serviu o vinho, brindaram à vida. O resto do mundo ficou do lado de fora quando tomou Maya nos braços.

A respiração do casal, enfim, se aquietou. Gianni parecia perdido em seus pensamentos, o que Maya não deixou de perceber. Ela acariciava-lhe as costas e se surpreendeu quando ele, de repente, exclamou:

— Me conte tudo sobre você!
— Você primeiro! — Maya falou, animada, rindo.

— Tudo bem. Nasci na Itália.
— Eu nasci nos Estados Unidos.

—Você, americana? Não parece.
— Fui criada no Rio de Janeiro.

— Eu fui criado em Nova York.
— Faz sentido.

— Tenho 42 anos. Nasci em 1968, o ano dos acontecimentos.
— Você é um acontecimento... — riu. —Eu vou fazer 38. Nasci em 1972. Acho que foi um ano normal. — paralisou por um momento. — Pensando bem, acho que 1972 também foi um ano de acontecimentos, para mim.

— Não tenho irmãos.
— Também não tenho irmãos. — parou para pensar — Quer dizer, eu acho que não tenho irmãos.

Gianni olhou-a, achando graça no inusitado da resposta. E seguiu com a brincadeira.

— Tenho um cachorro.
— Eu queria ter um cachorro.

— Sei pilotar um avião.
— Duvido!
— Quer ver a habilitação?
— Eu sei pilotar uma bicicleta! — falou, caindo na gargalhada, enquanto tomava mais um gole de vinho.

— Tenho uma cicatriz na perna.
— Tenho uma marca de nascença.

— Quebrei a perna aos dez anos.
— Nunca quebrei nada.

— Tenho uma tatuagem.
— Odeio tatuagem. Onde?

— Para que quer saber?
— Para talvez mudar de ideia.

Gianni riu, olhar travesso. Beijou-lhe a fronte e continuou.

— Democracia.
— Sempre, inegociável!

— Baseball.
— Vôlei.

— Adoro videogame.
— Odeio videogame.

— Sou solteiro.
— Tenho um ex-parceiro.

— Quer falar sobre isso?
— Outra hora, talvez, agora, definitivamente não.

— Quero formar família.
— Digamos que isso faz a gente ficar pensando nas possibilidades.

— Gosto de brincar com crianças.
— Amo crianças.

— Queria ter tido filhos.

— Adoraria ter filhos.

— Para onde você vai quando chegarmos a Hamburgo?

— Ainda não sei.

— Você vem comigo?

Maya sorriu. Acariciou o rosto de Gianni, que estendeu a mão direita e tocou de leve no seu corpo. Tomou-a nos braços e a beijou. Alguém bateu à porta. Serviço de quarto. Eles comeram, beberam, fizeram amor, comeram, beberam, fizeram amor. Gozaram juntos.

Maya não conseguia deixar de pensar que aquilo era felicidade. Gianni sempre sabia onde deixar as mãos, a boca, os beijos. Mesmo a conhecendo havia pouco tempo, parecia já ter o mapa de seu corpo em suas mãos, lugares que ela mesma sequer sabia da existência. Paul havia sido o único homem em sua vida, e embora muito mais velho, não descobrira o seu corpo de mulher. Com Gianni tudo era intenso, diferente. Era muito bom. Quando terminavam de fazer amor, os corações batiam em sintonia. Precisava ser sensata, sabia. Ela ainda não conhecia Gianni. Imediatamente pensou que depois de tantos anos, ela também não conhecia Paul. A cabeça rodou.

— Eu estou completamente bêbada! — Maya falou rindo, com o rosto afogueado, aninhando-se nos braços de Gianni, que segurou em seu queixo e perguntou:

— Você vem comigo?

Maya o abraçou e beijou, sem, no entanto, responder. Qualquer decisão seria prematura.

59

Aquela noite seria mais uma de atividades do Bússola. Estavam todos ansiosos. Bordeaux foi cidade de grande importância em 1940.

Após a tomada de Paris pelos alemães em 14 de junho de 1940, o governo e os franceses abandonaram a capital e fugiram em massa para Bordeaux.

Em menos de duas semanas, a cidade se tornou um centro de refugiados de toda a Europa por estar perto da fronteira com a Espanha, de onde poderiam escapar. A população quadruplicou para cerca de um milhão de pessoas. Não havia lugar para todos. Dormiam nas ruas, nas praças. Chegavam em carroças, bicicletas, a pé, com medo da ocupação alemã. Os judeus corriam atrás dos vistos de saída enquanto os alemães não chegavam.

Muitos conseguiram sair com os vistos do cônsul português e fizeram a travessia pela Espanha até chegar a Portugal, de onde partiram para longe da guerra.

Em 30 de junho de 1940, os alemães assumiram o controle do porto de Bordeaux e começaram as detenções. A *Wehrmacht* confiscou muitas propriedades, principalmente de judeus. Desalojaram proprietários de casas, castelos e fincaram suas bandeiras na cidade. As lojas foram esvaziadas pelos soldados, que enviavam a suas famílias tecidos, geleias, café, cigarros e chocolates. O mercado negro prosperava.

O armistício entre França e Alemanha foi assinado, e o governo francês de Vichy logo se rendeu aos alemães. A Resistência francesa se organizou.

Os pais de Nathan Blum, nascidos e criados em Bordeaux, buscavam alternativas, para ao menos, salvar o filho. O cerco se fechava. A perspectiva de futuro era sombria.

— Mesmo com apenas oito anos — começou Nathan, para uma plateia atenta —, percebi que algo sério estava acontecendo. Meus pais falavam baixinho para eu não ouvir. Morávamos em Bordeaux, meu pai trabalhava em uma vinícola em Médoc. Um dia, um casal amigo veio à nossa casa. — Nathan fechou os olhos para reviver a cena. — Minha mãe me explicou que eu iria com eles em uma linda viagem, de navio. Apesar dos meus protestos, meu pai não me deixou escolha; minha mãe, em meio a recomendações de bom comportamento, garantiu que em breve estaríamos todos juntos novamente. — Nathan mordeu o lábio e coçou a cabeça. — Eu sempre me comportei bem. Era filho único, gostava de ir aos vinhedos depois da escola. Gostava de ajudar. E, se o momento era de perigo, como nada fazer em um mundo com tantas injustiças? Meus pais me garantiram que a viagem era muito importante. Partimos no mesmo dia. Meus pais me deram "até breve" e o mais longo e forte dos abraços. Ainda sinto o doce beijo que trocamos. — Nathan passou a mão suavemente no próprio rosto, lembrando a sensação. — Não pude levar quase nada. Fui recebido e criado por uma família judia em Nova York e ganhei dois irmãos. E nunca mais vi meus pais, que nunca esqueci.

Muitos anos depois Nathan tomou conhecimento de que seus pais foram ativistas do *Oeuvre de Secours aux Enfants* – OSE — Trabalho de Assistência Infantil, — que retirou crianças da França, em conjunto com a OTC e a *Joint* —, organização americana que salvou crianças na Europa e da qual Alice, quando jovem, fora ativista.

— Poucos foram afortunados como eu.

— Nathan afirmou, consciente de sua sorte.

O projeto americano OTC — *One Thousand Children* — levou pouco mais de mil crianças para os Estados Unidos em 11 anos. Poderiam ter sido muito mais — o país não foi solidário com as famílias refugiadas. Com o discurso de pseudoneutralidade, não dispensou qualquer exigência de visto, cada vez mais restrito, embora alguns filantropos americanos tenham comprado vistos para facilitar a saída das crianças da Europa ameaçada.

Em contrapartida, o *Kindertransport* salvou dez mil crianças em nove meses, graças à agilidade do congresso britânico em abrir mão de todos os requisitos de visto.

Os Estados Unidos não tinham uma política de vistos específica para refugiados antes da 2ª Guerra. A cota anual era mínima. Não agilizaram a votação de uma lei para aumentar o número irrisório de vistos por conta da guerra. Não havia vontade política de abrir as portas para os imigrantes europeus. Para agravar a situação, o governo americano demandava uma lista enorme de documentos que, para os judeus alemães, era impossível conseguir. A lista de espera aumentava, assim como a paranoia americana de que espiões alemães poderiam se infiltrar como imigrantes legítimos. O próprio presidente Roosevelt, eleito para o terceiro mandato, manifestou desconfiança de que mesmo refugiados judeus poderiam servir de espiões e sabotadores nos Estados Unidos para salvar as vidas de famílias prisioneiras dos nazistas. O mais absurdo é que se esqueciam de que os Estados Unidos eram um país formado por imigrantes.

Em 1º de julho de 1941 o impensável aconteceu: o Departamento de Estado Americano determinou serem inelegíveis para obter visto os refugiados que tivessem parentes em países ocupados pelos alemães. Aos olhos do governo, ofereciam perigo.

Há controvérsia se a comunidade judaica sabia o que acontecia com os judeus na Europa. Os que se diziam americanos legítimos não lembraram que também eram descendentes de refugiados judeus de algum lugar... Rússia, Ucrânia, Polônia.

Muitíssimos americanos foram grandes doadores para a causa humanitária. Entretanto, registre-se que muitos estavam mais envergonhados e preocupados com Joe DiMaggio e os New York Yankees perdendo quatro vezes de Cincinnati na Série Mundial de Baseball do que com os jogos mortais acontecendo na Europa e na Ásia, onde Hitler e os agressores estavam determinados a exterminar os judeus.

— Quanto aos meus pais... — Nathan Blum sussurrou — acabaram nos fornos de Auschwitz. Eles me entregaram para que eu tivesse um futuro. E eu tive.

— Qual o sentimento de aportar em Bordeaux? — Maya decidiu perguntar ao grupo.

Um enorme silêncio foi quebrado por Mima, a bailarina que nunca dançou para uma plateia. A menina-bailarina que sonhou se apresentar no Grande Teatro de Bordeaux em 1940. Mima foi a única da classe de dança que retornou de Auschwitz.

— Estou refazendo meus passos não por um desejo particular de processar a experiência. Quero voltar a Bordeaux para dançar pelos que não tiveram essa chance. Eu sobrevivi. Preciso dançar, agora na Grande Sinagoga de Bordeaux, para honrar os que não estão aqui. Eu quero, eu preciso! Dançar para eles, por eles.

Mima partiu em um dos últimos trens ao campo de trânsito de Drancy e de lá para Auschwitz. Depois disso, em 15 de março de 1944, a Grande Sinagoga de Bordeaux foi saqueada. Invadida por tropas SS da Divisão *Großdeutschland*, armadas de machados e submetralhadoras, demoliram o forro de madeira, o púlpito, destruíram o órgão, queimaram os bancos centenários. Quebraram as janelas e os lustres em milhares de pedaços. O icônico templo dos judeus franceses desde 1812 teve suas paredes enegrecidas pelas chamas, salpicadas de sangue e perfuradas por balas. A fumaça saía pelas janelas estilhaçadas. Profanada e deserta, a sinagoga em ruínas viu seus rolos sagrados da Torá serem levados pelas águas do rio Garonne. A chama eterna, que queimava continuamente na sinagoga, foi extinta naquele fatídico dia.

Em 1956, após a restauração da planta original da edificação, a luz eterna voltou a iluminar perpetuamente a sinagoga. E, agora, em 2010, aguardava as crianças de outrora, que a frequentaram com suas famílias ou lá se refugiaram, para celebrar a vida.

60

A lua se despedia quando o navio deixou as águas do Atlântico para entrar no estuário do rio Gironde, bifurcando à direita para navegar no rio Garonne. Os passageiros acompanhavam desde muito cedo, ao longo do convés, a chegada a Bordeaux. Setenta anos depois da invasão dos alemães, para muitos era a primeira vez que retornavam. Memórias antigas voltavam atropelando o que era lembrado e o que era preciso esquecer.

Maya, Mima e Nathan apreciavam do alto do convés a paisagem da orla arborizada, com prédios baixos, todos da mesma altura, sem arranha-céus, e, no meio deles, o do antigo consulado de Portugal que trazia lembranças para alguns, embora, naquele momento, fosse um prédio como os demais. A gigantesca catedral de Bordeaux se destacava com suas duas torres altas.

Foi com surpresa que viram a cidade ficar para trás. Subitamente, o navio, conduzido por um barco-piloto, fez uma manobra de 180 graus no rio. Retornou até aportar na doca do cais ao longo do extenso calçadão que circunda a cidade às margens do Garonne com suas águas cor de doce de leite. Lá ficariam por dois dias.

Maya foi ciceroneada por Nathan e Mima, que a convidaram para acompanhá-los na redescoberta da cidade natal. Sete décadas depois, eles reconheciam os caminhos da infância. Caminhando sem pressa e muito atentos, Mima apontou o prédio bem em frente ao cais, no número 14 do Quai Louis XVIII. Agora um escritório de arquitetura, a placa na fachada registrava o lugar onde milhares buscaram salvação: o consulado de Portugal em Bordeaux. Eles ainda se lembravam dos incontáveis refugiados que chegaram à cidade em busca de um visto. Muitos nada lembravam, eram muito pequenos à época. Quantas vezes estiveram apertados nas filas, destino incerto, à espera de um dos quase trinta mil vistos que foram dados pelo cônsul naquele curto período.

Seguiram em direção à Place des Quinconces, onde Mima e Nathan relembraram bons momentos da infância e encontraram um grupo do Bússola. Mas o lugar trazia também dolorosas memórias. Em 1940, refugiados de todos os cantos ali acamparam com estranhos, por dias a fio, na intempérie do tempo, nas barracas de lona, sob cobertores, sem saber se conseguiriam sair, com as economias guardadas em saquinhos. Toda a vida guardada em saquinhos.

Naquela praça, lado a lado, encontraram-se ao relento pessoas de diferentes classes sociais e procedências. Muitos eram judeus já perseguidos, que tentavam escapar do horror de mais perseguições. Foi o recinto mais democrático dentro de uma realidade de terror.

Turistas atravessavam a enorme praça para apreciar lá no fundo o monumento em memória aos Girondinos, tributo a um dos grupos militantes vítimas do terror mais desafortunados à época da Revolução Francesa. Seus membros foram executados, apesar de terem sido fundamentais para o início da Revolução. A intrincada estátua de bronze representava a Senhora Liberdade se livrando de seus grilhões e enfeitando Bordeaux com a palma da vitória. A fonte colossal, com duas bacias, jorrava água fresca. A praça, nos idos de 1940, era cinza, seca, suja; mesmo assim, serviu de casa a muitos dos refugiados.

Curioso que os turistas de todos os lugares que Bordeaux recebia vinham para tomar um bom vinho e apreciar suas belezas, sem saber da história recente que aquela cidade guardava.

Maya, Nathan e Mima seguiam em direção ao Grande Teatro de Bordeaux. Mima apontou para a edificação esplendorosa, berço da Ópera da cidade.

— Que espetáculo! — Maya apreciou a construção grandiosa com fachada de 1780, que até hoje recebe espetáculos de ópera, dança e música.

— Sabem? — Mima explicou — Eu era menina, e sonhei que um dia dançaria aqui. Estudei com afinco e disciplina. Eu tinha um propósito, um sonho. Que virou pesadelo — ela disse, levantando os ombros, como que resignada com seu destino. — Pelo menos eles não conseguiram me tirar a vida, e hoje eu estou aqui, não é mesmo?

— Sim! — Nathan falou com determinação. — Estamos aqui para provar que resistimos. E hoje você não se apresentará no Grande Teatro. O seu palco será na Grande Sinagoga, que também resistiu e está inteira outra vez para todos nós.

— Nathan, caminhar nestas ruas tão nossas, tão lindas, não lhe parece que, de repente, isso foi um sonho ruim? — Mima pensativa compartilhou o sentimento com o amigo.

— Será que Sousa Mendes sequer pressupôs que estavam tão perto da "Solução Final"? Acho que ele não imaginou estar salvando pessoas de um genocídio. — Maya compartilhou uma reflexão.

— Quanto a isso, minha querida, não há dúvida. O cônsul estava salvando as pessoas da perseguição, e, para ele, isso era o suficiente.

Mima concordou.

— Meninas, vamos nos sentar em algum café, tomar um bom tinto, apreciar nossa cidade e descansar um pouco? Mima precisa estar em boa forma à noite, na sinagoga.

Seguiram até a Place de la Bourse, a antiga praça da Bolsa de Valores. Desfrutaram de cada passo, olhando em torno, percebendo os detalhes. Maya se impressionou com a magnitude arquitetônica dos prédios em forma de meia-lua. O sol trazia as nuances à mostra. Voltariam à noite para apreciar a praça iluminada, um espetáculo inigualável. A fonte das Três Graças, no centro, jorrava água. Não havia carência de nada em Bordeaux. A cidade resgatara todo o seu esplendor. Na antiga Ponte de Pedra, majestosa sobre o rio Garonne, via-se alegria no lugar da maré humana de refugiados daqueles tempos sombrios.

Em frente, à beira do rio, o Espelho d'Água, uma gigantesca laje de granito transformou o espaço em um lugar mágico. Inundada com cerca de 2 cm de água esvaziada a cada 15 minutos, seguida da difusão de uma névoa que cobria toda a laje, refletia todos os prédios que circundavam a Praça da Bolsa, um convite ao sonho.

Mima, faceira como uma jovem, tirou os sapatos, pisou na laje molhada, estendeu a mão e convidou Nathan para dançar. Maya observou a bela e inusitada cena. Algumas pessoas pararam para ver o elegante casal. Mal imaginavam o que aquelas duas pessoas tinham passado. Era uma cena bonita. Maya pensou o quanto carregavam naqueles passos. Talvez estivessem fazendo as pazes com a cidade.

61

O peso dos anos parecia ter desaparecido. Mima e Nathan eram a expressão da felicidade. Deixaram o Espelho d'Água de mãos dadas e atravessaram para sentarem-se no único café, em uma mesa na rua, bem em frente à mítica *Place de la Bourse*, acompanhados por Maya, que fazia anotações, cúmplice da felicidade dos novos amigos.

Atrelado à ideia de que o prazer de degustar um grande vinho é inseparável do prazer da mesa, Nathan buscava especificamente os produzidos em Médoc para saborear com alguma especialidade da casa. Uma forma de honrar seus pais.

— Sabem —, Nathan contou — depois da invasão, a grande maioria dos judeus vinicultores foi dizimada pelos nazistas nos campos de concentração, meus pais, inclusive. Os produtores de vinho não judeus não permitiram que o "nosso" vinho caísse nas mãos do exército alemão — falou, orgulhoso. — As adegas nas vinhas foram muradas às pressas, inclusive com a ajuda de mulheres e crianças. Enterraram as melhores garrafas e adulteraram os rótulos. Os piores vinhos viraram *grand cru* — sorriu. — Era uma verdadeira honra dos artesãos que os nazistas saíssem carregados com chá de ervas em vez de um Mouton Rothschild. Eles não podiam ganhar todas, não é mesmo?

Maya fazia anotações com a velocidade de estenógrafa. Mima olhava para Nathan com orgulho.

O proprietário do estabelecimento, um senhor dos seus noventa anos, se aproximou e ouviu Nathan contar mais um capítulo da história de Bordeaux.

— Fizeram bem em prevenir, porque as tropas uniformizadas saquearam, beberam e esvaziaram as reservas francesas de vinho. Imaginem se não tivessem tomado ação antes? Teriam confiscado o que tínhamos de melhor! — Nathan concluiu, percebendo a proximidade de uma pessoa.

— *Bonjour, Mesdames, Monsieur* — Philippe Jouet fez uma saudação com a cabeça. — Posso ajudá-los na escolha do vinho?

— *Bonjour, monsieur, merci.* Estou procurando um vinho de Médoc para celebrar nossa volta a Bordeaux depois de 70 anos — falou, envaidecido.

E contou brevemente sua história para Philippe Jouet.

— Compartilhei com minhas amigas a história heroica de nossos vinicultores. — o peito cresceu quando mencionou a revanche dos que defenderam as vinícolas e não cederam aos nazistas.

Philippe pegou uma garrafa especial de um Merlot Réserve de Médoc em sua adega, mostrou o rótulo para Nathan e serviu quatro taças. Sentou-se à mesa com os que agora considerava seus convidados. Sobrevivente de tempos de escassez de comida e membro da Resistência francesa, agora na casa dos noventa anos, tinha muitas histórias que, com prazer, gostava de compartilhar.

— Sabe, Nathan, essas histórias que você contou fazem parte da versão do "romance nacional". Sinto muito desapontá-lo; estão longe de refletir a maioria dos comportamentos entre os viticultores da época. Embora coragem e ousadia raramente tenham feito jus às histórias descritas, você pode se orgulhar da vinícola de seu pai, que renunciou voluntariamente ao comércio com o Reich, como uma minoria. Para vergonha nacional, o número de comerciantes inescrupulosos foi enorme.

Philippe Jouet se levantou e voltou com duas garrafas muito antigas, onde se lia em uma "Nem uma gota de vinho vendida aos alemães durante a guerra", e na outra "Casa que não trabalhou com os alemães durante a Ocupação".

— Essas eu manterei intactas. São de produtores que se sentiram ofendidos em serem confundidos com os que não tiveram escrúpulos e viveram, às custas da dor da nação, uma era de ouro, com resultados financeiros sem precedentes.

— Eu não entendo... — Nathan estava estupefato.

E Philippe Jouet começou a contar o que ele chamou de "A verdadeira história do que aconteceu naqueles tempos sombrios".

Na realidade, a história do vinho foi brutal. Não houve saques desorganizados. O vinho foi um dos principais alvos dos nazistas na França. Muitos viticultores ou comerciantes, longe de serem submetidos à agonia da presença do inimigo, aproveitaram-se da situação. O que prevaleceu foi a acomodação servil, ganância e maldade, além de revoltantes traições dos que estavam em busca dos imensos lucros rápidos. Tudo isso às custas da consciência e do interesse nacional. Muitos comerciantes de vinho enriqueceram, sem necessariamente jogar o jogo da colaboração. Muitos vinicultores abrigaram judeus e transportaram membros da Resistência dentro de barris, em detrimento da atitude impatriótica de alguns colaboracionistas, que trabalharam junto aos alemães em proveito próprio. No meio da guerra, sendo a Alemanha um dos únicos compradores, tornava-se difícil não vender para os nazistas. O que os diferenciava era a forma como o comércio era pautado.

No verão de 1940, aproveitando a desvalorização do franco e a força do *Reichsmark*, os alemães fizeram grandes compras de vinho, em um mercado com base em preços muito acima do normal.

Faziam questão de pagar bem para garantir a produção. Era preciso garantir um suprimento regular de vinho básico para as tropas, e outro, dos melhores, para os comandantes do Reich. Para os franceses, os preços estratosféricos tornavam a compra inviável.

Os alemães não eram ingênuos como queriam fazer crer. Para detectar as melhores safras, o *Kommandatur* colocou em cada província produtora um *Weinführer*, comerciante de vinho uniformizado. Alguns eram francófilos, que sabiam tudo sobre os estoques e o funcionamento das grandes casas. Muitos eram antigos conhecidos das casas tradicionais. Eram difíceis de enganar.

— Sabem? — completou Philippe — eles compravam muitas garrafas que eram vendidas sem nota fiscal para serem revendidas superfaturadas no mercado internacional com grande lucro, ajudando a financiar as campanhas militares do Reich. Nosso vinho financiou o nazismo! Por outro lado, ironia do destino, foram os alemães que colocaram os vinhos da Borgonha no mapa do mundo depois da guerra.

Nathan estava perplexo. Não sabia o que dizer.

— Para aplacar a consciência de alguns maus franceses, havia comerciantes que financiavam o Reich e também a Resistência. Alguns foram julgados, mas muito poucos foram somente condenados a penas irrisórias. E a vida seguiu em frente. A única sorte — se é que se pode falar assim — é que a pior safra foi a de 1939, e a melhor a de 1945. — concluiu Philippe.

Levantaram as taças, e Philippe fez um brinde aos que à casa tornaram.

Seguiram pelo cais até cruzar o portão do Grande Sino – *Grosse Cloche*, remanescente da muralha da cidade que se mantinha de pé. De lá, para a Rua Santa Catarina, a maior rua de pedestres de comércio. O destino era a Grande Sinagoga de Bordeaux. Pulmão da comunidade judaica da cidade, palco de tantos acontecimentos, ela se erguia em um beco transversal à Rua Santa Catarina.

Ao avistá-la, mais uma enxurrada de emoções tomou conta de todos.

62

Avistaram a fachada de mármore de Carrara com as tábuas dos dez mandamentos esculpida no topo. Logo abaixo, a estrela de David. A Sinagoga de Bordeaux fora erguida entre duas colunas. Uma edificação grandiosa.

Mima, Nathan e Maya pareciam enfeitiçados quando as luzes se acenderam, e o templo exibiu todo o seu esplendor. Era uma volta ao lar.

— Eles acharam que podiam nos exterminar, sem saber que éramos como sementes. — Mima falou olhando para a placa na parede lateral no pátio em frente à sinagoga com os nomes dos que pereceram.

Nathan estendeu a mão para Mima, que explicava à Maya a importância daquele lugar sagrado. Subiam as escadas quando os três portais de madeira talhada se abriram, desfraldando toda a beleza do templo. No chão, dois desenhos no mármore, um com a Estrela de David e no outro gravado o número 1822, ano da inauguração do templo.

No centro do salão, a gigantesca *Menorá* dourada — o grandioso castiçal de sete braços de mais de quatro metros de altura — dava as boas-vindas. Toda iluminada, convidava um seleto grupo para uma noite muito especial.

À frente, seguindo o ritual da tradição sefaradita, a plataforma — *Bimá* — de onde os rabinos oficiavam os serviços, era cercada por cadeiras reservadas aos homens.

Uma escada conduzia à galeria no nível superior, reservada às mulheres. Era separada do salão principal por uma parede de vidro, uma tradição ortodoxa.

Os livros sagrados — *Torá* — ficavam guardados na arca sagrada, na parte mais interior do salão, coberta por uma imponente cortina de veludo marrom que servia de pano de fundo.

Todos os lustres foram acesos. Os convidados começaram a entrar. Aguardavam a presença de autoridades civis, militares e religiosas. A comunidade judaica de Bordeaux havia confirmado presença, assim como alguns judeus de Paris. A noite seria gloriosa.

63

O coral da comunidade abriu os trabalhos cantando os hinos nacionais francês e israelense, *Marseillaise* e *HaTikva*, enquanto longas faixas com as cores da França e Israel eram desfraldadas nos mesmos lugares onde, durante a ocupação, viam-se as bandeiras nazistas. A plateia acompanhou, sensibilizada.

O serviço religioso irretocável foi acrescido de homenagens, discursos curtos e pontuais, que a todos emocionaram. A revisão, necessária, era fundamental para seguir em frente.

Mima foi homenageada da forma mais impactante. Enquanto ela se trocava, os homens afastaram as cadeiras do centro do salão, abrindo caminho.

Os músicos se posicionaram em cima da plataforma central de onde os rabinos oficiavam os serviços enquanto a neta calçava as sapatilhas de ponta na avó, que se levantou, pisou com firmeza, aprumou o corpo e perguntou:

— E você não vai calçar as suas sapatilhas?

— Essa é a sua dança, vovó. Dance lindo, por você, por seus companheiros, por todos que foram privados de dançar. Por todos que foram privados de viver. Dance lindo, vovó, como só você pode.

Mima beijou a neta. Desde que chegaram ao navio, o plano era dançarem juntas; a avó ficaria mais estimulada e confiante. No entanto, Mima precisava fazer a caminhada sozinha, celebrar a redenção. Respirou fundo, arrumou a roupa — um vestido leve, cor de pérola, longo e fluido, de várias camadas. Sapatilhas rosadas. Olhou para o rabino, que lhe apontou o palco. Os músicos começaram a tocar.

A octogenária de corpo esguio e determinação inquebrantável se transformou em uma adolescente que vivia um sonho. No lugar de piruetas e pontas, movimentos suaves profundos com os braços e mãos que faziam com que a plateia a seguisse, emocionada. O corpo transbordava amor e arte, o rosto expressava o sentimento da alma.

Um dos violinistas, visivelmente emocionado, acompanhou Mima. Ele tocava com o primeiro violino que sobreviveu a Auschwitz. Era de sua avó; ele o ganhou aos três anos de idade.

O *grand finale* aconteceu com Mima subindo os degraus que levavam à Arca Sagrada. Girando lenta e graciosamente, o corpo se curvou e se fechou até parecer uma rosa brotando no chão, aos pés das tábuas da lei. Era a semente que voltava para a terra, para outra vez germinar.

A plateia, de pé, ovacionou por um longo tempo. O violinista estendeu-lhe a mão, e ela levantou-se, corpo ereto, realizada. Ela calçara as sapatilhas de balé outra vez. Uma vitória. Eles não conseguiram matar o seu sonho.

Já era quase meia-noite quando voltaram ao navio de carro e viram a Praça da Bolsa inteiramente iluminada com seus prédios refletidos no Espelho d'Água se afastar.

64

Nos dois dias intensos em Bordeaux, Alice e Maya tiveram pouco tempo para conversar, de estarem a sós. Maya estava adorando a viagem, e fascinada com a história de Annya. Agora, rumo a Hamburgo, precisaria ter um pouco de paciência para retomar as conversas.

Os últimos cinco dias antes de chegar a Hamburgo, destino final do projeto "Bússola — de volta para casa", seriam repletos de atividades que ocupariam ainda mais toda a equipe. Além de apresentações, palestras e depoimentos pessoais, haveria também a reapresentação da mostra *Find the Lost Children* — Encontre as Crianças Perdidas, pontapé inicial das comemorações dos quarenta anos da Fundação Julius Klein, ocorrida em Nova York na semana anterior ao embarque. A palestra de Maya Machado com sua matéria premiada "Crianças abandonadas, vítimas invisíveis" marcaria o fechamento dos trabalhos a bordo com chave de ouro. Logo em seguida, aconteceriam um jantar de gala e um grande baile com orquestra, na penúltima noite. No último dia cuidariam do desembarque na manhã seguinte, bem cedo, em Hamburgo

Alice supervisionava do alto do mezanino a abertura das caixas lacradas e a disposição do material no salão. Estava satisfeita.

A viagem corria como planejada, melhor até. A chama mantinha-se acesa para continuar a busca de crianças ainda possivelmente perdidas, objetivo principal da fundação. E faltava pouco para sua realização pessoal.

Todos os dias repetia o mantra. "Andar antes de correr, correr antes de voar, Alice." Mas agora sentia a urgência de contar a verdade. Qual o momento adequado?

— Alice, a palestra de Maya está confirmada para o teatro. Julgamos mais adequado. As poltronas são mais confortáveis, há mais espaço. — Stemma se aproximou com a notícia, trazendo Alice de volta à realidade.

Alice concordou e refletiu por um instante. Com os cotovelos sobre o guarda-corpo, contemplou a foto de Maya sendo fixada no suporte de acrílico, ao lado do artigo amplificado. Massageou a nuca com uma das mãos e sorriu.

— Estou aqui pensando na noite do desmonte da exposição em Nova York, você se lembra, Stemma? Eu olhando o pessoal encaixotar, preocupada. E agora, de novo, as caixas sendo abertas. Parece que ganharam vida.

— Eu te disse que era para confiar, que traríamos a Maya Machado, não disse? — Stemma mal acabou a frase quando Maya se aproximou.

— Bom dia! Eu ouvi o meu nome? — Maya cumprimentou as duas numa voz cordial.

— Ouviu sim! — Stemma tomou a dianteira, percebendo que Alice ficara sem ação. — Sua adesão ao Bússola chegou em cima da hora, e Alice fazia questão da sua presença. Era isso que lembrávamos agora. Mas o que interessa é que você está aqui e sua apresentação vai ser um dos pontos altos, como Alice aspirava. — Stemma arrematou.

— Eu me lembro da demora na resposta, e peço desculpas... foi uma época dolorosa.

— Não tem do que se desculpar, querida. O que conta é que, no final, o universo conspirou a nosso favor e você está aqui conosco, não é mesmo? — Alice falou, carinhosamente. — Sua presença era indispensável!

— Ah, temos uma novidade. Mima vai repetir a apresentação hoje à noite depois do coletivo de depoimentos. Foi tão significativa a exibição na Sinagoga, ela ficou tão realizada que ficou envaidecida com o convite em nos brindar com mais uma apresentação. Será um belo fechamento da noite! — Stemma relatou, exultante.

65

O navio deslizava suavemente em direção ao Mar do Norte para entrar no rio Elba até alcançar Hamburgo. Alice subiu ao palco. Aos poucos o teatro ia lotando. Fez-se silêncio.

— Dizem que onde há dez judeus, há dez opiniões diferentes. — a plateia riu. — Também é verdade que, onde há dez judeus, muitos estendem a mão para ajudar. Nossa história é rica em acontecimentos, nem sempre agradáveis. Ao chegarmos ao fim deste projeto Bússola, em busca do nosso Norte, sinto-me na obrigação de fazer uma homenagem aos que dedicaram sua energia e tempo — e muitos, suas vidas – para manter o nosso povo forte e unido.

A plateia aplaudiu.

— Tantas e tantas vezes ouvi: Por que o povo não reagiu, não fez nada? Por que vocês aceitaram serenamente o destino terrível que lhes foi imposto? Sabemos que não foi assim. Por isso estamos aqui. Para honrar os que fizeram por todos, e a vocês, que sobreviveram para deixar um legado importante para nossos descendentes e para o mundo. Foram três semanas de trabalhos, ganhos alcançados e desafios vencidos. Esta noite foi programada para compartilharmos nossas vivências e vitórias, e no final seremos presenteados com outra apresentação de Mima, que tanto brilhou na Sinagoga de Bordeaux. O microfone é de vocês. — Alice agradeceu e voltou ao seu lugar.

Mendel foi o primeiro a contar sua história. Nascido em Berlim, a vida mudou com a ascensão do nazismo. Proibido de frequentar a escola, foi salvo por Hans, um policial alemão amigo da família, que não compartilhava dos ideais nazistas. Arriscando a própria vida, levou o menino escondido em seu carro para a casa de parentes no interior, onde passou cinco anos até o fim da guerra. Ao sair, toda sua família havia sido exterminada nos campos de concentração. O policial que o resgatou tomou para si a reponsabilidade de encaminhá-lo a uma agência judaica para que fosse criado por uma família judia e honrasse a memória dos pais.

— Graças a tio Hans, estou aqui hoje para contar a minha história. Nem todos os alemães eram ruins.

A família de Mendel, que o acompanhava, se dirigiu ao palco e o abraçou.

Seguiu-se o depoimento de Yorgus, judeu de origem grega de Chania, uma cidade na ilha de Creta. A mãe fugiu para as montanhas e sobreviveu aos nazistas, mas perdeu toda a família. O navio, que levava todos os 265 judeus de Chania rumo a Pireus, com destino a Auschwitz, foi bombardeado por forças britânicas, que o julgaram embarcação inimiga. Não tinham conhecimento da presença de judeus aprisionados a bordo. A pequena sinagoga de Etz Hayyim, em Chania, restaurada depois da destruição, mantém viva a memória dos membros da congregação que pereceram. Por ironia, antes de chegar a Auschwitz.

Eram tantos os testemunhos. Cada história era única, embora os temas fossem os mesmos: sofrimento, violência, morte. Dor.

Ruth foi a última a falar.

66

— Eu nasci em Sinsheim, na Alemanha, em 1933. Eu tinha cinco anos quando nossa casa foi vandalizada. Soube depois o nome dado àqueles atos de covardia e violência: *Kristallnacht*, a noite dos cristais. Foi uma campanha de violência orquestrada pelo partido nazista em novembro de 1938. Aconteceu em muitas cidades. E, em todas, com o mesmo objetivo: atacar os judeus. Fui presa com minha irmã Leah e toda minha família em 1940. Fomos levados ao campo de concentração em Gurs, na França. Meu pai foi separado de nós, e nunca mais o vimos. Minha mãe, uma pessoa extraordinária, teve a compreensão de estar sozinha e ter de tomar decisões importantes. Precisou de muito equilíbrio e força para me entregar, junto com Leah, à *Oeuvre de Secours aux Enfants*, a OSE, a mesma que salvou Nathan, que contrabandeava crianças e as escondia em lares adotivos. Minha mãe nos deu para nos salvar. Ela nos disse para seguir as orientações dos ativistas da OSE, em quem devíamos confiar. E, lembrando disso a todo instante, fingimos sermos católicas enquanto nos escondíamos com uma boa família, que nos acolheu com carinho e atenção. Após o fim da guerra, por uma sorte enorme, fomos encontradas por nosso avô, que nos levou para os Estados Unidos. Passamos décadas nos perguntando o que havia acontecido com nossos pais, até que, em uma reunião de sobreviventes, descobrimos que ambos morreram em Auschwitz. Eu me lembro bem dos horrores do genocídio, mas não posso culpar os alemães de hoje pelos atos de seus antepassados. Vou pisar pela primeira vez na Alemanha, acompanhada de vocês, reunindo coragem para contar minha história, que relato aqui pela primeira vez. Que Deus me dê forças para repeti-la muitas vezes em solo alemão. Antes, não tínhamos ideia do que as palavras poderiam fazer. Agora sabemos. E pretendo fazer a minha parte. Basta de preconceito, basta de ódio, basta de antissemitismo. Holocausto, nunca mais!

As luzes do auditório se acenderam e a plateia, emocionada, aplaudiu. Alice subiu, abraçou Ruth e a acompanhou até seu lugar, ao lado de Leah, sua irmã, muito fragilizada.

O DJ tocava músicas antigas, entretendo o público, enquanto Mima se arrumava em sua cabine. O teatro estava lotado, todos impacientes pela apresentação.

A neta, ansiosa, aguardava a avó. Mima manifestara desejo de se aprontar sozinha desta vez. Dissera que precisava de um tempo só. A neta respeitou, sem evitar a preocupação.

O relógio marcava 21h45, quando ouviram no alto-falante.

ALPHA, ALPHA, ALPHA 618, ALPHA, ALPHA, ALPHA 618.

— O que é esse código? — Alice perguntou, com uma sensação estranha no peito, mesmo sem saber do que se tratava. Era a primeira vez que ouvia essa chamada.

Um burburinho se fez. As pessoas começaram a se agitar. Ninguém entendia o que estava se passando. Rapidamente o diretor do cruzeiro se dirigiu à Alice.

— Isso é um código de emergência médica, dona Alice.

— Cabine 618? É a da minha avó. — e a neta se pôs a correr.

O diretor do cruzeiro pediu calma. Todos os cuidados estavam sendo tomados, não havia com o que se preocupar. E se retirou para as providências que lhe cabiam.

Maya fez Alice se sentar enquanto aguardavam notícias. O garçom trouxe um copo d'água. Foram minutos angustiantes.

Quando o diretor voltou, não foram necessárias muitas explicações. As luzes do palco se apagaram.

Quando a camareira chegou para auxiliar Mima a encontrou desfalecida com as sapatilhas calçadas. Chamou socorro imediatamente. Era tarde. Mima tinha um semblante tranquilo e um sorriso no rosto.

As pessoas se confortavam.

— Todo mundo deveria ser sortudo assim — ouviu-se um nonagenário comentar. — Mima morreu com o seu último desejo de vida concretizado. Sapatilhas de ponta nos pés, sua paixão maior. E sem sofrer.

Nos dias que faltavam para chegar a Hamburgo, as pessoas se uniam duas vezes ao dia para rezar o *Kadish*, a oração dos mortos.

Maya, sensibilizada, antes do início de uma reza da tarde, decidiu subir ao palco. Sentia vontade de falar aos participantes do Bússola.

— Quero convidar vocês a refletir comigo. A vida não segue planos. Todos nós vamos morrer. Não nos cabe decidir como nem quando. A dor da perda é sempre profunda. Recordei agora de uma história que minha mãe me contou e senti vontade de compartilhá-la com vocês. Ela ouviu de um rabino muito amigo dela, lá no Brasil. Façam comigo esse exercício. Peço a cada um que feche os olhos. Imagine que está à beira-mar e vê um navio partindo. Você fica olhando, enquanto ele vai se afastando, cada vez mais longe, até que finalmente parece um ponto no horizonte. Lá o mar e o céu se encontram. E você diz, pronto, ele se foi. Foi aonde? Foi a um lugar que a sua visão não alcança, só isso. Ele continua tão grande, tão bonito e tão imponente como era quando estava perto. A dimensão diminuída está em você, não nele. E, naquele momento em que você diz "Ele se foi", há outros olhos vendo-o aproximar-se e outras vozes exclamando com alegria. "Ele está chegando".

Maya volta a se dirigir a todos: — Apenas nossos olhos não enxergam mais nossa Mima querida. Vamos nos lembrar disto.

Maya desceu do palco em silêncio. Alice abraçou-a afetuosamente.

67

Finalmente, Alice e Maya encontraram o momento adequado para retomar as conversas. Desta vez Stemma se juntou a elas. Maya estranhou.

— Stemma pode me ajudar, caso a memória resolva falhar ou o coração me tire do foco.

— Então vocês se conhecem há muito tempo?

— Stemma é a irmã que eu não tive. Sem ela, certamente minha história teria um outro enredo. Nos conhecemos desde meninas. Os pais dela trabalharam na fábrica da minha família.

— Então você conheceu bem a Annya. — Maya comentou.

— Annya foi como uma sobrinha para mim. — Stemma respondeu, se ajeitando na poltrona.

— Pois é, Stemma não se casou nem teve filhos. Foi uma filha exemplar, além de excelente profissional. Formou-se e sempre teve tempo para cuidar dos pais. E ainda é minha parceira, meu braço direito.

Maya parecia genuinamente impressionada.

— E o nome Stemma, de onde vem? — Maya quis saber.

Foi Alice quem se apressou a responder.

— Stemma é judia de origem grega. Os judeus gregos têm tradições diferentes, peculiares. Você conta melhor essa história, não é, Stemma?

— Sou a terceira filha. Tradicionalmente, o primeiro que nascia, se fosse menina, recebia o nome da avó paterna. A família sempre torcia por um herdeiro varão. Se o segundo fosse outra menina, recebia o nome da avó materna. E, se por conta do destino — era o que eles diziam — a terceira criança fosse também menina, colocavam o nome de Stemma, que significa "basta – stamata – de mulheres", uma súplica ao Criador. É um costume antigo, dos romaniotas de Janina, que viam nos filhos homens a segurança na velhice e a certeza do *Kadish*, a oração final, que, entre os ortodoxos, é reservada aos homens rezar.

— Pois eu não sabia que só os homens podiam rezar o *Kadish*, que era proibido às mulheres. Foi a primeira oração que aprendi. Ontem, eu e Alice rezamos o *Kadish*.

— Eu também rezei o *Kadish* por meus pais. Eles não precisaram de um filho homem para rezar por eles. — Stemma afirmou.

— A religião tem que evoluir. — Alice falou, determinada. — Eu sempre rezo por meus pais, pelos meus avós, pelo tio Mischka, pelo Albert... e por Annya.

Fez-se um silêncio logo quebrado por Stemma.

— Annya era única! Às vezes extrovertida, às vezes calada. A gente nunca conseguia descobrir como ela era. Era madura para a sua idade. Lia muito, devorava livros, tinha opinião formada sobre muitos temas. Tinha personalidade forte, era bonita. Tinha espírito de liderança, quebrava paradigmas. Era capaz de atos como salvar um passarinho e levar para casa. Era muito generosa. Usava jeans rasgados, cortava blusas. Annya era... Annya! — Stemma falou.

— Minha filha era realmente uma menina muito singular. — Alice concordou. — Foi Stemma que me convenceu a contratar um detetive particular para descobrir o paradeiro dela. A polícia dava sempre respostas evasivas. Nada diziam, nem com detetive conseguimos chegar a algum lugar. E o tempo passava, inclemente. E nenhuma notícia da minha filha. Eu já estava sem esperanças quando conheci a Fundação Julius Klein.

Julius Klein era um dos milhares de judeus mandados para Auschwitz junto com o filho pequeno. Lá se separaram. Libertado em 1945 no fim da guerra, Julius sobreviveu e passou a procurar o filho. Nunca mais o encontrou. Resolveu transformar a dor em ação. Criou uma fundação com o compromisso de ajudar a reencontrar crianças perdidas e reuni-las com suas famílias.

Foi Stemma quem teve a ideia de procurar a Fundação Julius Klein sem consultar Alice. Marcou um encontro para contar a história de Annya. Embora ela não fosse uma refugiada de guerra, Stemma acreditava que não se envolviam apenas com essas crianças. Saiu de lá com a esperança que, desta vez, daria certo. Eles ajudariam a encontrar Annya.

— O segredo para se ter progresso é reconhecer como dar o primeiro passo. Então você começa a sua verdadeira jornada. Aprendi que basta uma pessoa, um momento para mudar sua vida para sempre. Para mim, essa pessoa foi Julius Klein. — Alice falou sem conter a emoção ao lembrar de Julius.

— Ele sabia bem o que era perder pessoas e objetos! — Stemma ponderou.

— Eu me lembro muito bem da primeira vez que o vi. — Alice fitou Stemma. —Você me pediu que eu me aprontasse para receber uma visita que me faria muito bem. Você estava lá comigo. Quando abri a porta, vi um homem com os olhos mais doces que já conheci.

Ele disse: "Sou Julius Klein. Você me permite ajudá-la"? E foi assim que começou a saga da busca de Annya através da Fundação Julius Klein, que hoje eu encabeço.

Julius era incansável. Tomou o caso de Annya como se fosse do próprio filho. Ele se afeiçoou a Alice, e precisava conhecer Annya para poder ajudar.

Alice pensava que conhecia bem a filha. Quando se lembrava dos poucos momentos que tiveram nos 16 anos de convivência, se deu conta do porquê se sentia angustiada.

Annya quando pequena era dócil, beijava a mãe, carinhosa. Sentava-se no colo de Alice e pedia que contasse as mesmas histórias várias vezes. Já na adolescência, se isolava. Apesar de tímida e reclusa, era uma excelente aluna e muito competitiva. Nunca deu trabalho. Alice não conseguia definir a própria filha.

Julius, determinado, colocou uma grande equipe em campo. Ele não podia decepcionar a nova amiga.

— E encontraram a primeira pista do paradeiro da minha menina em menos de cinco meses! — contou, exultante.

68

Numa manhã de novembro, apesar do frio em Nova York, Alice acordou animada, com uma sensação de esperança, como não se sentia havia muito. Sonhara com Annya, viva. Não conseguia identificar onde, mas o lugar era bonito, cercado de flores, borboletas. Sinal de que logo a encontraria.

A esperança aumentou quando Julius tocou a campainha. Tinham uma pista. A notícia mais esperada, finalmente, chegara. A filha poderia estar em Nashville. Embarcariam na manhã seguinte. Só queria ver sua menina, abraçá-la, se desculpar de ter falhado com ela. Sempre se considerou uma boa mãe, moderna, de mente aberta, que dava espaço para o diálogo. Porém, não se perdoava por ter priorizado a crise no casamento e os problemas na fábrica, em detrimento de um olhar mais atencioso para a filha.

Alice se martirizava por tê-la negligenciado. No turbilhão de seus problemas com Albert, não se deu conta de que Annya vivia trancada no quarto. Ela sempre achou a filha perfeita. Alice não conseguia encontrar um motivo sequer para que Annya fugisse. Sem nem trocar uma palavra com ela.

Stemma já tinha percebido há tempos que Annya não era como os pais a viam. Tentou conversar com Alice, alertá-la, ajudar. Havia, no entanto, um limite até onde se permitia interferir. Os pais, em crise, foram omissos, permissivos, preocupados com suas próprias vidas. Na verdade, Annya só era perfeita porque não criava caso e não ficava no caminho dos dois. A menina se fechara em concha. Era carente de afeto e atenção. Os pais não conseguiram perceber. Stemma também não imaginava o porquê da fuga.

O voo até Nashville durou pouco menos de três horas. O percurso foi feito em silêncio, cada um com seus pensamentos. Um turbilhão passava pela cabeça de Alice. Será que veria a filha? Como estaria? Havia quase dois anos que Annya desaparecera, e essa era a primeira pista concreta. A viagem não acabaria em Nashville. Ainda pegariam um carro e rodariam mais duas horas até uma fazenda em Flowertown, ao sul de Nashville.

Julius Klein já sabia de cada etapa da investigação. E era o que o preocupava. As notícias não pareciam nada boas.

Os investigadores da fundação haviam passado por diversos hospitais por conta de uma pista encontrada em um artigo em um jornal local, que gerou muita controvérsia. Era sobre uma batida policial em uma comuna hippie da região, em que uma jovem não identificada foi atendida por bombeiros. Com forte hemorragia após um parto, foi levada à emergência de um hospital, onde morreu ao chegar. A polícia não conseguiu identificá-la nem localizar a família. E ainda havia um bebê que não tinham notícia.

Podia se tratar de Annya, pela descrição e pela coincidência de datas. Com suspeitas tão fortes, Julius julgou que era o momento de levar Alice até a fazenda.

Havia uma preocupação crescente de como Alice reagiria. Julius não tinha tido coragem de falar à Alice que sua filha poderia estar morta.

69

O carro chegou, depois de duas horas, a uma fazenda no meio da estrada deserta. Um pórtico de madeira pintado à mão indicava: Fazenda do Sol Nascente. Nos dois lados da estradinha, plantação de hortaliças, frutas e legumes. Algumas centenas de metros adentro, crianças brincando com os pés descalços em meio a construções toscas e inúmeras tendas.

Alice, tensa, abriu a bolsa. Tirou as fotos recentes em tamanho grande que Julius lhe havia solicitado. Dera-se conta de que não costumavam fotografar muito a filha. A salvação foi o registro da comemoração na casa dos pais de Albert no domingo antes da fuga. Tinha que agradecer à sogra por ter contratado um fotógrafo profissional. Ela fez do Dia das Mães um grande evento.

Havia muitos retratos de Annya, em todos os ângulos. Apertou as fotografias contra o peito. Queria muito voltar a ver aquele sorriso, mesmo que escasso, flagrado em uma ou outra foto. Queria muito ver, beijar, abraçar a filha. Mostrou um retrato para Julius, que sorriu, disfarçando a angústia com que poderiam ter que se deparar em minutos.

Foram recebidos com simpatia por Oceano, o líder da comuna. Trinta anos, cabelos longos, roupas coloridas, soltas, chamava a atenção pela sofisticação da linguagem. Não deixava dúvida de que era educado. Era possível que tivesse sido um bem-sucedido profissional. Talvez tivesse abandonado tudo por uma crença em um mundo com valores distintos da sociedade americana capitalista. Havia seis meses, com a morte do antigo líder, passara a gerenciar a Fazenda.

Além do que, muito deveria ser feito para a Fazenda cumprir o objetivo de proporcionar vida comunitária visando o progresso saudável de todos. Viver em uma comuna hippie não significava desordem. Uma década atrás as comunas tinham passado por experiências diversas até alcançar o verdadeiro propósito: a filosofia de liberdade com responsabilidade que Oceano implantara na Fazenda do Sol Nascente. Eles também visavam o futuro. Só que de forma diferente do que se pregava do lado de fora. Muitos dos antigos moradores não concordaram com a implantação de regras e se mudaram.

Oceano ofereceu-se para levá-los para uma caminhada de reconhecimento. Queria apresentar a fazenda-modelo que estavam desenvolvendo. Julius pegou no braço de Alice e acompanharam Oceano, que descreveu a estrutura e rotina da comuna.

— Muitos dos moradores vieram da costa oeste, majoritariamente de São Francisco, buscando uma qualidade de vida com uma outra noção de liberdade. — Oceano explicou. Alice mal o escutava. Observava tudo à sua volta, como se buscando alguém.

Oceano mostrou as moradias simples e as diversas tendas de escola, enfermaria, refeitório e até uma biblioteca.

Entraram na cozinha comunitária, onde o cardápio era composto pelo que fora retirado da terra, ou criado nos pastos atrás das tendas. Tinham visto vacas leiteiras e galinhas poedeiras. Alice mal podia imaginar sua filha morando em condições tão básicas.

— Oceano, você é muito gentil. Desculpe, estou angustiada. Vim atrás da minha filha. Você conhece essa jovem? Ela está aqui? —

Alice, com as mãos trêmulas, mostrou a foto de Annya. Julius passou o braço firme por seus ombros, tentando dar um pouco de conforto.

— Não, eu nunca vi essa jovem. Como disse, estou aqui há pouco tempo. Ela pode ter estado aqui, não sei. Talvez tenha mudado de comuna, ou ficado pouco tempo.

— Olhe bem! Ela se chama Annya Sadovik Levy. — Alice exibiu a foto de Annya outra vez.

— Sinto muito, eu nunca vi essa jovem. E neste lugar ninguém usa o nome civil. Cada um elege o seu. Podemos mostrar a foto a alguns dos antigos moradores.

— Sabe, Maya, eles foram incansáveis mostrando as fotos de Annya a dezenas de moradores. A resposta foi sempre negativa. Eu estava segura de que era óbvio que a minha Annya jamais teria ido a um lugar daqueles. Até que, quando já nos despedíamos de Oceano, uma jovem me chamou discretamente no canto. Pediu que eu entrasse em sua tenda. Stemma foi comigo. Julius ficou no carro.

— E o que ela queria? — Maya, inquieta, perguntou.

— Ela pediu para ver as fotos.

70

— Por que você está emocionada? — Alice perguntou à jovem. — Você conheceu a Annya? Como é o seu nome?

— Eu me chamo Sol, e essa — apontou para as fotos nas mãos de Alice — é a Flor.

— Flor? Não, minha filha se chama Annya. Isso agora não importa. Você sabe onde ela está, Sol?

A resposta foi um choro contido. Alice, consternada, abraçou a jovem, procurou seu olhar e repetiu, com firmeza. — Você sabe onde ela está, Sol?

— Certamente num jardim florido, um lugar lindo, como ela merecia.

— Como assim? — Alice perguntou, não querendo entender. Lembrou-se do sonho que tivera antes da viagem a Nashville, quando viu nitidamente Annya em um lugar bonito, cercado de flores, borboletas.

— Flor não resistiu às complicações do parto, que foi complicado. Sou testemunha de que ela lutou muito. — a jovem relatou, para espanto de Alice.

— Gravidez? Não, então não é a minha filha. Annya não estava grávida. Você lembra quando essa sua amiga, Flor, chegou aqui?

— Sim, Flor chegou aqui em maio do ano anterior. Veio junto com o Kiran um amigo de Nova York. Só amigo mesmo, não era o pai do bebê.

Alice arriou no chão de terra batida.

Coração acelerado, Stemma chamou Julius, que entrou em um átimo.

— Essa menina, a Flor, estava com o grupo desde maio — Alice falou para Stemma e Julius — mês que minha Annya fugiu! Meu Deus, se ela for mesmo Annya, então... Minha filha fugiu porque estava grávida, e eu não percebi? Que mãe sou eu?

Alice, consumida pela culpa, implorou:

— Por favor, Sol, me conte o que sabe de Flor... eu preciso saber.

— Nós logo nos tornamos próximas, tínhamos muito em comum. Ela se integrou rapidamente na comunidade. Era engraçada, pragmática, sem cerimônia. Como uma flor, parecia desabrochar a cada dia. Dormíamos juntas nesse colchão, aí ao lado de onde a senhora está sentada — Sol apontou para o canto da tenda. — Mesmo jovem, era muito madura. Gostava de contar histórias para as crianças, principalmente histórias da natureza. Parecia conhecer muito de plantas e animais... passarinhos. Inventava nomes para tudo, como se falasse uma língua diferente.

Alice cada vez mais tinha certeza de que Flor era sua filha. Segurou forte a mão de Stemma.

— Ela também amava teatro. Ensaiou a meninada, chegou a fazer duas apresentações para a comunidade toda. Foi lindo! Aparentava estar muito feliz e realizada. A garotada a adorava. O antigo líder, um sábio, se encantou com ela, conversavam com frequência.

Ele queria que a gravidez fosse acompanhada por um médico da cidade, e Flor se recusou, dizia não haver motivo de preocupação. Acho que preferia não ser encontrada...

— Diga o que aconteceu com a Flor!

— Foi numa sexta-feira, no início de setembro do ano anterior. Era uma noite estrelada, cantávamos em volta de uma fogueira. Flor começou a sentir contrações, mas não quis ser levada a um hospital. Preferiu descansar na tenda.

Sol subitamente fez uma pausa.

— Naquela semana um estudante de medicina, que chamavam de Doc, estava na comunidade. Ele nos visitava de vez em quando, tinha amigos aqui. Pedimos que desse uma olhada na Flor. Ele a examinou e prometeu que ficaria ao lado dela até o bebê nascer, parecia faltar pouco. Ela ficou tranquila.

— E aí? O que aconteceu? — Alice, ansiosa, perguntou.

— As dores foram aumentando. Acontece que aqui não tínhamos remédio, nenhum recurso.

Stemma segurou firme a mão de Alice.

— Na manhã seguinte, Doc passou na tenda para ver como ela estava. As contrações e as dores tinham aumentado. O bebê nasceria em poucas horas. Ela estava bem, ninguém esperava que o parto fosse se complicar. Doc fez o que pôde. Ele ainda era estudante, não estava formado. Fez o possível para levá-la para o hospital; ela não quis.

Alice, angustiada, estava certa de ouvir a história da filha. As lembranças se sucediam em ritmo alucinante.

— Flor sangrava muito. Eu nunca tinha visto tanto sangue! Doc, nervoso, não sabia o que fazer e não havia quem pudesse ajudar.

— E o parto? E a criança?

— A menininha nasceu saudável, chorou logo. Mas Flor estava branca como uma folha de papel. Mesmo esgotada, abraçou a neném, que logo começou a mamar.

A comoção tomou conta de todos. E Sol prosseguiu.

— Doc esperou dois minutos para cortar o cordão umbilical. Eu senti que era uma despedida. A neném sugava o amor da mãe naquele peito.

Alice chorava sem parar. Queria poder fugir dali.

— Flor fez sinal para que eu me aproximasse e cochichou umas palavras. Entendi que ela queria que eu colocasse o seu cordão na criança. Ela beijou a filha e também o pingente que acompanhava o cordão, agora no pescoço da neném. Tentou falar, não conseguiu. Fechou os olhos. Tinha no rosto um sorriso. Achei que estava desmaiada. Gritei pelo Doc. Percebi que havia um problema quando ele colocou dois dedos no pescoço da Flor e fez silêncio. E aí ouvimos gritos, e começou uma confusão geral. A comuna fora invadida. Doc me mandou sair da tenda, pegou a criança e saiu em disparada.

Alice cobriu o rosto com as mãos.

Sol acabou o relato.

Contou que a polícia e o FBI invadiram a Fazenda, com cães farejadores treinados para encontrar narcóticos. Encontraram maconha em meio à plantação de melões e melancias.

Doc sumiu na estrada com o bebê enquanto as tropas se aproximavam. Encontraram Flor, sozinha e inconsciente. Ainda tentaram animá-la. Foi levada ao hospital, aonde já chegou sem vida. Constataram que tinha acabado de dar à luz, embora não houvesse sinal da criança. Não acharam documentos nem indício de sua identidade. O corpo foi entregue ao líder da comuna e enterrado em um pequeno cemitério pertencente à Fazenda. E o caso foi arquivado.

71

Alice parecia mil anos mais velha quando caminhou ao lado de Stemma e Julius até o cemitério da Sol Nascente. Havia poucos túmulos, todos identificados com codinome e data da morte.

Quando se aproximaram do túmulo de Flor, Alice se ajoelhou e acariciou a pedra onde se lia: FLOR– 8 de setembro de 1972. O túmulo estava bem cuidado.

— Eu tenho que ter certeza, Julius. Precisamos de uma ordem da Justiça para exumar o corpo e fazer um exame de identidade. — Alice respirou fundo para manter-se inteira.

— Calma, vamos cuidar de tudo. — Julius a tranquilizou.

— E, se todo esse tormento se confirmar, se for mesmo a minha Annya? Você vai me ajudar a encontrar a minha neta? Meu Deus, eu posso ser avó, onde estará essa criança?

Alice deixou a Fazenda. Destroçada, agarrou-se à esperança de um novo começo, uma nova busca, que não sabia onde começar. Sol não tinha mais informações. Sequer sabia o nome do estudante de medicina que levou a criança, apenas que seu apelido era Doc. Os amigos todos já tinham saído da comuna. Julius prometeu uma procura intensa.

Quanto ao exame de investigação de maternidade, a resposta confirmou o que já esperavam. O corpo era mesmo de Annya.

E foi Stemma que fez todo o resto. Cuidou do traslado do corpo de Annya para o cemitério Monte Carmel em Nova York, onde ficaria ao lado do pai e da família.

Ao enterrar a filha, Alice levou a recordação do dia em que aprendeu que nada é seguro na vida, que não havia certezas. Uma lição que valia a pena conservar.

72

A saudade mais doída é a do que não houve, do que não aconteceu, do que seria, do que poderia ter sido. Não se sobrevive à morte de um filho. A gente se transforma em outra pessoa, que vive apenas porque respira. Não tem nome para isso. Quem perde mãe, é órfão. Quem perde esposa é viúvo. E quem perde filho? Não há palavra para definir a dor.

Para Alice, lembrar era um sofrimento.

— Desculpe — a cabeça de Maya estava um turbilhão. — Eu preciso parar agora. — E saiu às pressas, quase que batendo a porta.

Correu para a sua cabine. Pegou o telefone e ligou para a mãe.

— Mãe — o tom era circunspecto. — Eu preciso saber da minha adoção.

— Primeiro bom dia, minha filha, está tudo bem com você? Como está a sua viagem?

— Sim, a viagem está ótima, mãe, agora eu realmente preciso que você me conte tudo que sabe sobre a minha adoção.

— O que está acontecendo, Maya? Por que esse assunto novamente?

— Tudo, mãe, por favor. Eu preciso saber tudo. Desde o início.

Regina Machado Rózsahegyi e István Rózsahegyi eram médicos e professores universitários. Moraram em Atlanta de 1965 a 1972. Trabalhavam no Hospital Grady Memorial e davam aula na Faculdade de Medicina da Universidade Emory. O sonho do casal de ter uma grande família foi frustrado por Regina não conseguir levar adiante as gestações. Os diversos especialistas consultados não identificaram a causa. Em 1972, depois de mais uma tentativa frustrada — a sétima — o obstetra os alertou de que era hora de parar. Regina correria risco de morte se insistisse. Entrou em uma depressão profunda.

Regina e István decidiram deixar a América e recomeçar a vida no Brasil junto à família dela, brasileira. Ele era americano. Não podiam correr o risco de perder um ao outro.

A mudança seguiria de navio para o Rio de Janeiro. István estava feliz em ver a mulher mais bem-disposta.

Num sábado de manhã, a dias da viagem, o telefone de Regina tocou cedo. Era Ruth, antiga companheira, que se aposentara recentemente. Fora assistente social no mesmo hospital onde o casal trabalhou. O tom de Ruth era misterioso, e ela pedia muito que os dois fossem à sua casa o mais rápido possível. Não adiantou o assunto, que seria do interesse deles. Não podia falar ao telefone. Regina estranhou, falou com István, e marcaram para passar lá no final da tarde. Intrigada, Regina anotou o endereço. Estariam lá às 17h30.

Naquele entardecer, sentados no jardim da casa de Ruth, ouviram a história que mudaria suas vidas. Era sobre um rapaz órfão, que estudava Medicina e que Ruth acompanhara durante toda a vida. Era um menino de ouro, e, ainda assim, teve muita dificuldade de ser acolhido por uma família amorosa. Chegara à sua casa, transtornado, com um bebê recém-nascido nos braços. Fizera o parto havia alguns dias. A mãe não sobreviveu, e tudo indicava que não tinha família. Ao jovem faltou coragem para entregar o bebê ao Juizado de Menores, sua obrigação. Ficou com a criança alguns dias em sua casa. Reviveu a própria peregrinação até encontrar um lar. Não queria o mesmo destino para o neném. Decidiu recorrer à Ruth, que fora significativa em sua vida e com quem tinha uma ligação afetiva e de confiança. Ela saberia o melhor a fazer.

A história deixou o casal estupefato.

Regina ainda se lembrava do momento em que Ruth chegou com o bebê. Dormia serenamente em seu colo.

— Ruth nos disse que era a nossa oportunidade. Podíamos começar a nossa família. Aquela criança precisava de nós, e nós daquela criança. Era o sinal do destino. Nós estávamos de partida. A mãe do bebê estava morta, não tinha como ser rastreada para descobrir se tinha família. Ruth nos disse que antevia dois finais felizes na história. Nós estávamos hipnotizados, sem tirar os olhos do neném. Ruth então nos disse que era uma menina. E, ao tomar conhecimento da história, lembrou-se logo de nós. E estaria disposta a burlar as leis em nome da compaixão e humanidade.

Embora já tivesse conhecimento da história, Maya ouvia com o coração em suspensão, sem respirar.

— Ruth nos perguntou o que achávamos de tudo aquilo. Troquei olhares com seu pai. Não foi preciso uma palavra sequer. Estendi as mãos e tomei você nos meus braços, Maya. Naquele momento você nasceu para nós. Ruth chamou o meu obstetra, com quem já havia conversado. Ele chegou, preencheu e assinou a certidão de nascimento. E você ganhou o nome de Maya Machado Rózsahegyi, filha de Regina Machado Rózsahegyi e István Rózsahegyi.

— E vocês não tentaram descobrir o nome da minha mãe biológica?

De repente, Maya sentiu uma urgência de saber mais sobre seus pais biológicos. Estava à procura da família que nunca conheceu, sequer soube existir.

— Maya, já lhe disse que foi uma dúvida para a gente. Ruth foi taxativa, você iria para o Serviço Social. Não havia nenhuma referência sequer de que lugar você tinha vindo. O rapaz apareceu lá na casa da Ruth, cansado. Dirigiu horas de outra cidade, um lugar distante, e não deu detalhes. Entregou você e foi embora. Só queria que Ruth tomasse conta da neném e não a entregasse ao Serviço Social. Que a experiência dele não se repetisse.

— E onde eu nasci? — O cruzeiro tinha transformado a visão de Maya a dimensões cujo alcance não era capaz de avaliar.

— Eu também não sei. Eu só sei o que eu te contei, minha filha. E creio que Ruth também não soube de mais nada. A única certeza de Ruth era de que você teria um lar amoroso. E isso eu acho que você teve.

— E vocês não souberam nada desse rapaz órfão que fez o parto?

— Apenas que era um estudante de Medicina, que dirigiu horas para entregar o bebê.

— E onde ele morava?

— Ruth não sabia, já não tinha contato com ele há anos. Só que dirigiu horas até chegar lá e entregar o bebê.

Maya estava desolada.

— Nunca omitimos que só restou o cordão com o pingente, o seu amuleto da sorte.

— Pois eu acho que descobri a minha mãe.

73

— Alice, quero me desculpar pelo que aconteceu ontem. Posso ter parecido rude, entenda que é um assunto pessoal. Como muitos aqui, sou adotada; por sorte, sempre tive pais presentes e amorosos — Maya se justificou com uma franqueza desconcertante, um pouco encabulada, ao mesmo tempo pensando "Que impressionante, eu não sei quem são meus pais, e ela não sabe quem é sua neta."

Alice, surpresa com a súbita revelação tão objetiva e sem rodeios, fez um sinal com a cabeça, mostrando ter entendido sua preocupação. Tentou encontrar palavras para dar um tom de conversa, quando foi chamada por um funcionário para resolver algumas questões imediatas. Pediu licença e saiu.

Maya passou a evitar Alice. Não parava de pensar que provavelmente Annya era sua mãe. Restava descobrir como abordar o assunto. Precisava ser cautelosa. Se fosse verdade, a situação seria delicada. Fazia 38 anos do último encontro entre mãe e filha.

Recolheu-se em sua cabine, esquivando-se com a justificativa de estar ocupada preparando a palestra.

74

Gianni procurou Maya por toda a embarcação. Ninguém sabia onde estava. Bateu à sua porta. Ela abriu, olhos de quem acaba de acordar.

A cabine estava escura. As cortinas fechadas. A cama desfeita.

— Está tudo bem? — ele perguntou, preocupado. — Por que você está aqui trancada? Vamos conversar?

— Que bom que você está aqui — falou dando-lhe um forte abraço. — Minha cabeça está estourando. Eu nem reconheço minha própria vida, parece determinada pelo destino.

Gianni a ouvia atento.

Nos últimos dias, ela precisou fazer um esforço para se concentrar no presente. O passado vinha se tornando um canal que ligava a memória ao fantasiar incansável. Ela atribuía isso ao desejo de conhecer sua história, ao desafio de descobrir suas origens. Até que deixou cair as barreiras de proteção. Vestiu a camisa de jornalista investigativa e chegou a uma revelação sobre a própria vida.

— Então você acha que Alice é sua avó?

Maya se virou para a janela e olhou mecanicamente para o mar. Ela não "achava", algo mais forte lhe dava esta certeza. Precisava decidir como contar isso para Alice. Alice... sua avó, mãe de sua mãe. Tinha que ser cuidadosa. Apesar de parecer uma fortaleza, Alice já não tinha mais a mesma resistência.

— Tenho certeza de que você vai encontrar a melhor maneira de conversar com Alice. — Gianni falou, inquieto. — E eu estou aqui também procurando a melhor maneira de falar com você.

Maya olhou com surpresa. — O que você quer falar comigo?

— Daqui a dois dias chegaremos a Hamburgo. E eu quero saber o que você vai fazer. Na verdade, quero saber se você quer seguir comigo. Porque eu não quero mais me separar de você. — Gianni pigarreou, nervoso.

Maya não imaginara uma atitude assim, até porque sua emoção estava inteiramente envolvida com essa reviravolta na sua vida com a descoberta de suas origens. E, por mais que não quisesse admitir, as feridas da experiência traumática do rompimento com Paul ainda não tinham cicatrizado. Mesmo com tudo muito recente, não queria se afastar de Gianni.

— Quando conheci você, logo que cheguei ao navio, senti um dia de sol em meio a tempos nublados. Eu acabara de sair muito machucada de uma longa relação, e você era brilho e frescor. São pouco mais de vinte dias. E você sabe que tenho assuntos emocionais prioritários e importantes neste momento, e não estou lidando bem com eles. Preciso de você ao meu lado, do seu apoio. Qualquer decisão em relação a nós dois ainda é prematura. Eu amo muito você. Vamos dar tempo ao tempo, vamos continuar nos conhecendo, amadurecendo nossa relação.

Gianni segurou suas mãos.

— Eu não vou te perder de vista nunca mais, meu amor!

75

Na noite da apresentação de Maya, o teatro estava lotado. Era grande a expectativa quanto à jornalista brasileira, já querida por todos. Seus trabalhos, expostos desde a saída de Bordeaux, eram muito comentados e elogiados. Ela colocava paixão nas palavras.

Antes de enfrentar seu maior desafio, Maya se lembrou das palavras de Gianni. "Por mais imprevisível que essa jornada tenha sido, ela levou você a espaços e pessoas importantes. E a trouxe para mim." Sorriu, feliz.

Quando Maya foi anunciada, Gianni lhe deu um abraço e a ajudou a subir ao palco. Ela estava deslumbrante.

As luzes do teatro baixaram, e o foco do refletor foi todo para ela.

O momento memorável ocorreu logo em seguida a uma apresentação impecável, aplaudida de pé. Maya surpreendeu a plateia declarando que tinha outra história para contar. Tirou o microfone do pedestal e pediu aos técnicos que aumentassem a intensidade da luz do salão. Queria ver as pessoas na plateia. Alice estava sentada na primeira fila, bem no centro, ao lado de Stemma. Maya sorriu para ela, que retribuiu. Stemma piscou para Maya. Haviam tido uma conversa naquela tarde que fortaleceu Maya para esse momento.

Caminhando pelo palco, Maya contou ter sido uma criança desaparecida e que nunca encontrou seus pais. Por muita sorte, foi criada por uma família amorosa. Revelou que o projeto Bússola despertou sentimentos hibernados e uma enorme vontade de descobrir sua família biológica. No fundo, procurava a si mesma, na busca de seu passado.

— Tinha muitas dúvidas sobre minha origem, e hoje tenho respostas para essas perguntas. O que carrego desta descoberta é que a minha história, a nossa história, teria sido magnífica também se não tivéssemos sido separados de nossos pais.

No auditório lotado não se ouvia um ruído sequer. A fisionomia de Alice espelhava a surpresa por Maya estar compartilhando sua vida pessoal. Alice não sabia aonde isso chegaria. O coração batia mais ligeiro.

— Ouvi nessas semanas muitas histórias, emoções pintadas com palavras, um verdadeiro mosaico de sentimentos. Algumas me mobilizaram muito. Conheci Alice, uma mulher extraordinária, generosa, que se doou para transformar em alegria o encontro entre familiares separados. Fiquei profundamente tocada ao saber que, graças ao prêmio recebido no Brasil, a matéria com a minha foto tirada num momento de grande emoção correu o mundo e chegou a esta Fundação. Razão pela qual estou aqui. Acabei encontrando respostas importantes que vêm dar um sentido mais completo à minha vida.

As pessoas ouviam atentas. Alice, imóvel, segurava o sentimento hesitando adiantar o final daquela história. Para ela, ali, onde futuro e passado se revisitavam num laço de repetição infinito, tudo se misturava, se fundia, se confundia. Era Maya em Annya, e Annya em Maya.

— Sei que alguém moveu céus e terras para me ter aqui ao seu lado, para me conhecer. — Maya se virou para Alice, e o foco de luz acompanhou seu gesto.

— Agora eu sei que você queria que eu a conhecesse na intimidade. E conheci uma pessoa linda. Você foi corajosa, mergulhou sem medo. Sentia que precisava se redimir do passado para se perdoar. Alice, não há o que ser perdoado. Amor também é uma forma de perdão. A nossa assombrosa verdade apareceu, por fim, depois de uma vida inteira. Difícil foi encontrar o momento ideal para esta revelação, minha avó querida.

Um *ooooh* em uníssono percorreu a plateia enquanto Alice se levantava deixando correr as águas que desciam espontaneamente de seus olhos, e Maya descia do palco para encontrá-la. As duas se abraçaram em lágrimas.

O público, de pé, aplaudiu feericamente.

Alice ao microfone, com voz entrecortada, e ainda enlaçada com Maya, dirigiu-se à plateia.

— Meus amigos, nada disso caiu do céu. Estou finalmente com a minha neta desaparecida. Demandou muita perseverança e sorte, que muita gente diz que não existe. Não há outra explicação para o encontro de duas almas separadas por tanto tempo, em lugares tão distantes.

Nesse momento, Maya deslizou a mão por dentro do vestido negro e puxou um pingente do cordão que tinha ao pescoço e que brilhava à luz dos refletores.

— Isso é tudo que eu tenho da minha mãe — falou, olhando Alice com doçura. — Foi isso que eu levei quando fui dada à adoção. Minha mãe me acompanha através desses fios trançados, iluminados de pequenos diamantes. Neste pingente, ela estava junto ao meu coração na foto tirada por ocasião do meu prêmio. Agora sei que minha mãe veio de uma família que muito me desejou. — Maya acariciou o pingente. — O que ainda não sei é o que esses traços iluminados significam. — Maya fitou Alice com a pergunta no olhar.

Alice, sem conter a emoção, pegou a mão de Maya que segurava o pingente.

— Esses traços são três "As" entrelaçados. — Alice ia desenhando com o dedo sobre a joia. Aqui estão Annya, sua mãe, Albert, seu avô, e esta avó, Alice, que a procurou tanto e que recebe você com imenso amor — para sempre.

Glossário

- **Bar-Mitzvá** – Cerimônia de maioridade religiosa judaica dos meninos com 13 anos completos.

- **Bimá** – Plataforma elevada em uma sinagoga judaica de onde a Torá é lida.

- **Borscht** – uma sopa de inverno, geralmente feita com caldo de carne, beterraba, vegetais e temperos azedos, originária da Europa Central e Oriental, especialmente popular nas cozinhas da Rússia, Polônia, Lituânia, Romênia, Letônia e Ucrânia. A preparação inclui um bocado de creme de leite fresco sobre o prato.

- **Chalá – Chalot** (plural) Pão trançado feito especialmente para santificar o Shabat.

- **Guefilte Fish** - É um bolinho de carne de peixe moída com temperos e cozida no caldo do peixe. É servido frio, com geleia do peixe. Gefilte fish é considerado um prato de feriados, consumido no sábado, no Seder de Pessach (jantar cerimonial) e no Rosh Ashaná (Ano Novo judaico).

- **Kadish** – Nome dado à prece dita regularmente nas rezas cotidianas e em enterros em memória aos entes falecidos, onde se dá ênfase à glorificação e santificação do nome de Deus. Geralmente é realizado pelos filhos ou parentes próximos do falecido.

- **Kavod** – Honra, respeito.

- **Kosher** – se refere à alimentação permitida dentro das regras alimentares descritas na lei judaica. Tais regras se referem aos alimentos permitidos e não permitidos, forma de preparo e de consumo e, no caso de carnes, o modo de abate dos animais.

- **Maguen David** – Literalmente "Escudo de David", a Estrela de David, de seis pontas, é um símbolo de realeza e de comprometimento com os valores do judaísmo, embora também encontrada em outras religiões. Está presente na bandeira do Estado de Israel. Durante a 2ª Guerra Mundial, quando Hitler forçou os judeus a usarem uma estrela amarela de David como um "emblema de vergonha", o símbolo tornou-se proeminente cimentado como um símbolo judaico.

- **Mazal Tov** - é uma expressão hebraica que pode ser traduzida contemporaneamente para a língua portuguesa como "boa sorte".

- **Meidele** – Termo carinhoso para "menininha".

- **Mein Kampf** – título em alemão que significa "Minha Luta", livro escrito por Adolf Hitler. Promovia os principais elementos do nazismo: um antissemitismo raivoso, uma visão de mundo racista, e uma política externa agressiva direcionada a abocanhar o que eles consideravam um *Lebensraum* (espaço vital) na Europa oriental.

- **Menorá** - um candelabro de sete braços, e um dos principais e mais difundidos símbolos do Judaísmo.

- **Mensch** - uma pessoa de integridade e honra.

- **Mezuzá** – **Mezuzót** (plural) – Pequena caixinha contendo uma oração de proteção da casa e de seus ocupantes que é fixada no batente da porta à direita de quem entra. Identifica uma casa ou um recinto fechado como sendo judaico.

- **Oy Vey** – Expressão em ídiche que indica desânimo ou exasperação. A expressão pode ser traduzida como "Oh, não!" ou "Oh, céus!"

- **Shabat** – Dia da semana santificado para os judeus. Inicia-se ao pôr do sol da sexta-feira e termina ao pôr do sol de sábado. Duas velas são acesas pela mulher judia ao pôr do sol de sexta-feira para marcar o início do dia do descanso no judaísmo. O Shabat separa o mundano do sagrado. Uma benção especial é recitada agradecendo a Deus pelo presente deste preceito, que tem iluminado gerações há milênios.

- **Shtetl** – Denominação ídiche para cidadezinha, povoados ou bairros de cidade com uma população predominantemente judaica, principalmente na Europa oriental até antes da 2ª Guerra Mundial. Especificamente Polônia, Rússia e Bielorrússia.

- **Strudel** – É a receita mais conhecida com massa folhada e maçãs da Europa central, conhecida em alemão por Strudel (redemoinho). A receita foi incorporada ao repertório culinário da cozinha judaica-asquenazita servida com creme de leite fresco batido.

- **Torá** – Livro sagrado do antigo testamento. Compilação dos primeiros cinco livros da Bíblia Hebraica, nomeadamente os livros de Gênesis, Êxodo, Levítico, Números e Deuteronômio. Um guia prático para os judeus, possuindo 613 mandamentos. Através das palavras da Torá, que significa ensinamento, os praticantes do Judaísmo podem aprender como agir em diversas situações.

- **Yad** – Apontador ritual que serve para acompanhar a leitura da Torá.

Árvore Genealógica

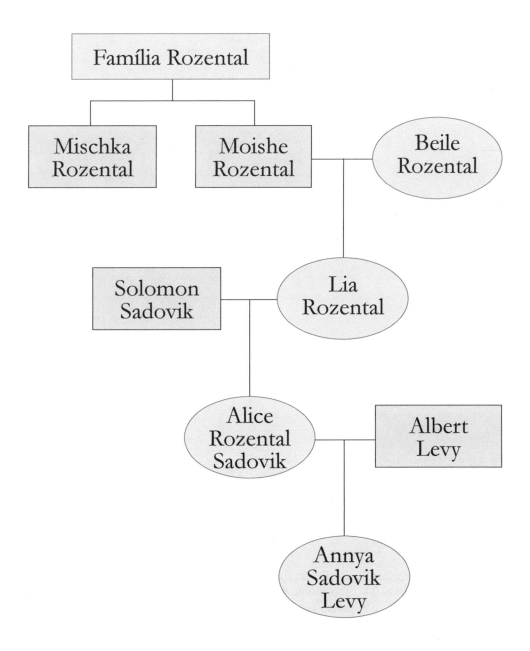

Este livro foi composto na tipografia Baskerville, em corpo 13/17
e impresso em papel chambril avena 80g/m2
na Gráfica Forma Certa.